관계 육아

관계 육아

초판 1쇄 발행   2025년 4월 15일

지은이   김지혜
펴낸이   정윤아
디자인   김태욱
펴낸곳   SISO

출판등록   2015년 01월 08일
전자메일   siso@sisobooks.com
인스타그램   @sisobooks
카카오톡채널 출판사SISO

© 김지혜, 2025

정가   15,000원

ISBN 979-11-92377-38-4 03590

- 잘못 만들어진 책은 구입하신 곳에서 교환해드립니다.
- 이 책에 실린 모든 내용에 대한 저작권은 지은이에게 있습니다.
- 저작권자의 허락 없이 다른 매체에 그대로 옮기거나 복제, 배포할 수 없습니다.

초등학교 입학 전 부모가 반드시 실천해야 할 양육 원칙

5~7세

관계육아

김지혜 지음

siso

추천의 글

『관계 육아』는 단순한 육아 지침서를 넘어 부모와 아이 사이에 흐르는 잔잔한 대화와 미묘한 상호작용의 가치를 새롭게 조명하는 책입니다. 저자는 이 책을 통해 아이가 세상과 맞닿는 걸음마다 부모가 어떻게 그 미세한 신호를 포착하고 아이의 고유한 리듬에 맞춰 다정하게 길을 열어줄 수 있는지를 세심하게 풀어냅니다. 저는 이 책을 읽으면서 단순한 정보 전달을 넘어 매일의 육아에서 스스로 자라나는 아이의 마음과 그에 어울리는 부모의 섬세한 역할을 다시 한번 되돌아보게 만드는 따뜻한 편지와 같다는 느낌을 받았습니다. 부모라면 육아의 소란 속에서도 잔잔히 흐르는 진실한 관계의 가치를 정리된 언어로 전하는 책의 메시지를 놓치지 않길 기대합니다.

이 책은 매일 아침 쏟아지는 준비와 바쁜 일상 속에서 자녀와의 미묘한 감정 교류를 놓치기 쉬운 부모님들, 때로는 육아 정보의 홍수에 길을 잃고 혼란스러워하는 예비 학부모들께 큰 도움이 될 것입니다. 아이가 초등학교라는 거대하고 두려운 사회에 첫발을 내딛기 전 작은 행동 하나하나에 부모님의 세심한 관심과 따스한 손길이 얼마나 큰 울림을 주는지를 경험하고 싶은 분들, '나와 자녀'의 관계가 단순한 교육의 연장이 아닌 서로의 마음을 잇는 소중한 시간임을 다시 한번 깨닫고자 하는 부모님들에게도 큰 도움이 되리라 기대합니다.

또한, 일상 속에서 자녀의 특성과 리듬을 섬세하게 읽어내어, 때로는 따뜻하게, 때로는 단호하게 안내하고 싶은 분들께 책에 제시된 구체적인 사례와 작가님만의 잔잔한 지혜가 큰 위로와 실질적인 조언으로 다가올 것입니다. 이 책이 아이와 함께 성장하는 길목에서 잊기 쉬운 '관계'의 깊이와 방법을 다시 한번 되새기게 해줄 거라 기대합니다.

부모교육 전문가, '슬기로운초등생활' 대표
이은경

추천의 글

　자녀의 출생으로 시작되는 부모 되기는 온전히 자녀에게만 집중해야 하는 육아가 기다리고 있어 부모에게는 노력이 필요한 시기입니다. 육아는 단지 자녀를 돌보는 것뿐만 아니라 부모가 자녀와 긍정적 관계를 통해 자녀의 건강한 성장을 돕는 것을 의미합니다. 20년간 저자는 놀이치료 현장에서 육아의 핵심인 애착을 기반으로 한 부모와 자녀 간 정서적 관계 및 사회적 관계를 맺는 데 많은 역할을 해왔습니다. 부모의 관계 육아는 자녀의 자기 조절과 사회 적응을 돕는 데 훌륭한 길라잡이가 될 것입니다.

명지대학교 아동심리치료학과 교수
선우현

프롤로그

아주 오래전 로버트 풀검의 『내가 정말 알아야 할 모든 것은 유치원에서 배웠다』라는 책을 인상 깊게 읽었습니다. 인생의 사소하지만 꼭 필요한 것들은 유치원 또는 유치원 시절에 배운다는 이야기입니다. 20년간 아동상담사로 아이들과 부모님을 만나면서 유치원에 다니는 5~7세가 삶의 기본이 되는 자양분이 만들어지는 때라고 확신합니다.

상담센터에는 3월과 4월에 상담 문의가 많습니다. 새 학년에 대한 적응이 어려운 아이들에 관한 내용이 대부분입니다. "학교 가기 싫다고 아침마다 울어요", "학교에 관련된 이야기를 하면 화를 내요", "주말에는 괜찮다가 월요일 아침만 되면 배 아프고 머리가 아프대요" 등의 어려움을 호소합니다. 이런 어려움을 호소하는 아이 중 90% 이상이 초등학교 1학년입니다. 어린이집이나 유치원에 다닐 때부터 단체 생활이 어려운 경우도 있었지만, 대부분 무난하게 어린이집과 유치원을 다녔던 아이들입니다. 아침마다 울음바다가 되어 부모님들은 아이를 어르고 달래고, 안 되면 상을 주기도 하고, 화를 내기도 하다가 상담센터에 연락합니다.

아이의 손을 잡고 상담센터에 오신 부모님께서는 한 번도 이런 적이 없었는데 학교에 입학하면서 왜 이런지 모르겠다고, 목소리와 눈동자에 불안이 가득합니다. 시간이 지나 어찌어찌 적응해도, 늘 불안한 아침을 맞이합니다.

원인은 크게 2가지인데, 친구들이나 선생님의 관계와 사회생활의 독립성에 있습니다. 아이들이 마주한 초등학교라는 사회를 간단하게 정리해봤습니다.

"화장실 뒤처리까지 해주는 돕는 손길이 없는 곳이에요. 내가 팔 아프게 단어를 10번 열심히 써도 물개박수와 폭풍 칭찬보다는 할 것을 잘했다는 칭찬과 격려의 말이 다였지요. 친구들도 알던 친구들이 아니라 알아가야 했고, 불편한 아이들도 있었어요. 유치원 때는 엄마가 나의 불편함을 담임 선생님께 미리미리 연락해 놔서 편했는데, 학교는 그런 엄마의 조치가 안 되는 곳인가 봐요. 친구가 불편해도, 밥 먹다가 흘려도 혼자 알아서 해결해야 한다는 사실이 너무 버거워요. 그래서 엄마가 보고 싶고, 학교가 싫어요."

놀라운 것은 거의 다 한글도 잘 읽고, 영어도 잘하고, 수학도 이미 1학년 수준을 넘었다는 것이에요. 학습 '수준'보다는 학교 '생활'에 어려움이 많았습니다. 왜 유치원에서는 아무 문제가 없었을까요? 어느 정도의 도움과 배려가 바탕이 되는 곳이었기 때문이에요. 오늘날의 유치원을 바라볼 때 안타까운 점이 있습니다. 삶에 대한 교육보다는 학습에 대한 교육에 초점이 맞추어져 있다는 사실입니다. 물론 유치원의 사정을 모르는 것은 아닙니다. 많은 부모님이 학습 교육에 대한 요구가 있으니 따라가게 된 것이지요. 또 부모님들께서 내 아이가 너무 소중한 나머지 스스로 해야 할 것들에 대해 선생님의 도움을 요구하니 유치원에서는 들어주게 된 것이지요. 초등학교의 사회생활과 유치원의 사회생활은 다른데, 사회생활할 수 있는 힘이 자라지 않은 것을 자주 보게 되었습니다.

적응에는 2가지 방법이 있습니다. '아~ 유치원과 다른 사회구나'라고 깨닫고 얼른 초등학교 사회생활로 적응하는 방법과 '스스로 생활할 준비가 된 아이'가 되어 어렵지 않게 초등학교 사회로 자연스럽게 녹아드는 것입니다. 전자도 좋고, 후자도 좋은데 제가 추천하는 방법은 스스로 학교 생활할 준비가 되어 있다가 초등학교 사회생활은 다르다는 걸 깨닫고, 자연스럽게 적응하는 것입니다.

4세까지 체력적으로 힘들고 손 많이 가는 육아였다면, 5세부터는 육아의 분위기가 달라집니다. 몸도, 마음도 훌쩍 커서 어느덧 부모와 대화도 되고, 부모의 행동을 관찰하고 판단도 합니다. 가끔은 아이의 말에 부모가 뜨끔 하는 일이 생기기도 합니다. 훌쩍훌쩍 크는 아이에게 무엇보다 먼저 알려줘야 할 것이 있습니다. 초등학교 1학년 적응을 넘어서 중·고등학교, 성인에 이르기까지 삶의 기본을 만들어 줘야 할 때라는 것입니다. 유치원 선생님의 역할보다 부모님의 역할이 큽니다.

아이와 함께 사는 일상에서 관계가 만들어지고, 그 관계를 바탕으로 무엇인가 알려주고 배우고 살아갑니다. 육아 과정에서 잘 키우고 싶은 부모의 마음과 달리 어쩔 수 없는 시행

착오와 실수가 일어나지요.

    영유아기를 벗어나 아이의 인생에서 꼭 필요한 것을 배우는 5~7세 시기의 육아를 돕기 위한 책을 오랫동안 준비했습니다. 별것 아닌 작은 것으로 보이지만, 실은 삶의 기본이 되는 기초에 관한 이야기를 해보려고 합니다. 육아의 고민이 생길 때 기본과 기초를 세우는 데, 이 책이 도움이 되길 바라며, 부모의 삶을 응원합니다.

김지혜

인생의 지혜는 상아탑이 아닌 유치원의 모래성에 있다.

- 로버트 풀검 -

| 목차 |

추천의 글 · 4
프롤로그 · 8

PART 1
5~7세 아이의 부모라면

- 찾아라, 우리 아이 애착 코드 · 21
- 육아의 2가지 포인트 · 28
- 아들 육아 VS. 딸 육아 · 33
- 부모와 함께 있고 싶은 아이들 · 37
- 5세는 학습보다 관계가 우선이다 · 43
- 육아 방향을 정하는 데 도움이 되는 이론 · 49
- 혼자 할 수 있는 것이 많은 5~6세 · 53
- 자신의 의견을 주장하는 시기, 7세 · 59
- 아날로그의 긍정적인 힘 · 66

PART 2
육아 정보에 휘둘리지 않으려면

- 육아 정보의 홍수 시대 · 73
- 정보가 과도해서 오는 불안 해결법 · 77
- 육아서를 고르는 기준 · 85
- 집 안에서 할 수 있는 역할을 주자 · 91
- 삶의 기본은 부모가 가르쳐야 한다 · 98
- 5~7세 부모가 꼭 갖추어야 할 것 · 103
- 미취학 시기에 중요한 3가지 · 107

PART 3
초등 입학 전 챙겨야 할 것들

- 초등 입학 전 '관계'가 전부다 · 117
- 반복적인 일상을 스스로 살아내는 힘 · 122
- 5~7세, '좋은 아침'을 만들어야 할 시기 · 129
- 스마트폰은 사용 예절을 가르친다 · 134

∴ 아이들에게는 바깥 놀이가 필요하다 · 142
∴ 엄마표 학습을 하기 전에 · 148
∴ 내 아이가 느린 기질을 가지고 있다면 · 152

PART 4
5~7세 우리 아이 육아 상담소

∴ 첫째가 다시 어린애가 되었어요 · 161
∴ 우리 아이에게 맞는 훈육법을 알려주세요 · 166
∴ 아이와 어떻게 놀아줘야 할지 모르겠어요 · 174
∴ 좋은 아빠가 되는 방법이 있을까요? · 178
∴ 아이들을 공평하게 대하는 게 힘들어요 · 184
∴ 몇 살부터 따로 재울 수 있나요? · 190
∴ 영상이 없으면 밥을 먹지 않아요 · 196
∴ 화 내고 싶지 않은데 자꾸 화가 나요 · 201
∴ 아이랑 무슨 대화를 해야 할지 모르겠어요 · 207
∴ 먹이는 것 때문에 식사 때마다 전쟁이에요 · 213
∴ 쌍둥이라 남들보다 육아 고민도 2배로 해요 · 222

PART 1

5~7세
아이의 부모라면

찾아라,
우리 아이 애착 코드

1955년에 미국의 에미워너 박사팀은 하와이 카우아이섬에서 40년에 걸친 종단 연구를 시작했다. 그해에 태어난 신생아 201명의 환경을 미리 수집하고, 성인까지 크는 과정을 지켜보는 연구였다. 201명의 부모는 약물 중독자, 알코올 중독자, 정신질환자인데다 학대, 폭력, 방임 등을 저질러 아이가 잘 크기 힘든 조건이었다. 연구가 끝나고 70%의 아이들은 누구나 상상하는 그대로 부모와 같이 사회 부적응자로 성장했다. 그런데 30%의 아이들은 뛰어난 성적으로 장학생에 선발되기도 했고, 전교 회장이 되기도 했다. 사회적으로 인정

받고, 자신의 일에 성취와 보람을 느끼며 살고 있었다.

에미워너 박사팀은 열악한 환경 속에서도 잘 성장한 아이들을 '회복탄력성이 높다'라고 판단했다. 성장하기 힘든 여건을 딛고 잘 자란 아이들에게는 한 가지 공통점이 있었다.

아이의 주변에 아이를 무조건 믿고, 지지하고, 응원해주며 사랑해주는 단 한 명의 누군가가 있었다.

많은 시사점을 준 이 실험에서 '사랑해주는 단 한 명의 누군가'는 아이의 안정 애착 대상자다. 애착을 검색하면 애착을 안정 애착과 불안정 애착으로 나눈다는 이론 설명, 애착 관련 실험, 의미 설명, 이론에 대해 알 수 있다. 이 글에서 단순히 애착에 관한 설명을 하려는 것은 아니다. 부모가 우리 아이에게 '사랑해주는 단 한 명의 누군가'가 되어 주어야 한다는 점을 알려주고 싶다.

안정 애착 관계가 되려면 어떻게 해야 할까?

안정 애착 관계를 위해 첫 번째로 필요한 것은 안전한 사람이 되어 주는 것이다. 아이가 느끼기에 일단 안전해야 한다. 아이들은 크면서 먹고, 자고, 대화하는 분위기가 안전해야 한다. 기본 생활이 안정적이고, 예측 가능해야 한다. 가만히 있다가 갑자기 버럭버럭 화를 내면 아이들은 불안하다. 어제 물을 쏟았을 땐 "닦자"라고 말했는데, 오늘 물을 쏟았을 때 소리를 지른다면 아이는 혼란스러워질 수밖에 없다. 부모의 감정과 반응이 안정적이면 안전한 사람이 된다.

5세에 유치원에 가기 시작하면서 본격적인 사회생활을 시작한다. 부모의 도움 없이 어려운 일도 스스로 해야 하고, 어색하지만 친구도 사귀어야 한다. 어떻게 해야 할지 모를 막막한 상황이 오기도 한다. 그런 사회에서 집에 돌아왔을 때 안전한 사람이 있는 안전 기지로 느껴야 한다. 또는 안전한 사람이 안전 기지가 될 수도 있다.

"저 사람한테 가면 힘을 받을 수 있어. 문제의 해결점을 구할 수 있어. 힘들었는데 그 사람의 지지와 응원을 받으면 힘이 나."

부모가 아이의 안전 기지가 되어 준다면 안정 애착 관계의 기초가 다져지고 있는 것과 같다. 아이가 물을 계속 쏟아서 아이에게 물병을 못 만지게 하는 것은 안전 기지가 아니다. "아직 손에 힘이 없어서 쏟을 수 있지. 두 손으로 물을 따라보자"라고 일관되게 알려주어야 한다. 어려울 때 다 해주거나 못 하게 하는 안전 가지가 아닌, 어려워도 할 수 있게 도와주는 안전 기지를 추천한다.

안정 애착 관계를 위해 두 번째로 필요한 것은 사랑의 표현이다. 그런데 잘 표현해야 한다. 사랑의 표현에도 색깔이 있다. 아이는 노란색 사랑을 원하는데 부모는 빨간색 사랑을 줄 때 참으로 안타깝다. 노란색 사랑을 '애착의 코드'라고 표현하고 싶다. 피아노를 칠 때 오른손 멜로디에 맞는 코드를 왼손으로 눌러줘야 화음이 어울리는 것과 같다. 아이가 멜로디를 누를 때 부모가 맞는 화음을 눌러주어야 한다.

부모가 미용실을 운영하는 아이가 있었다. 아이는 하원 후 미용실 한쪽에 만들어 둔 방에서 엄마, 아빠가 퇴근할 때까지 기다리며 생활했다. 그런데 얼마 전부터 아이가 손님이 많고 바쁠 때 꼭 엄마에게 머리를 만져달라고 했다. 자주 머리를 해달라는 바람에 더 이상 자를 것도 없고, 이미 펌도 되어 있어 더는 할 것이 없었다. 해줄 것이 없는 머리를 계속 만져 달라고 떼를 쓴다. 영업방해가 될 정도로 떼를 써서 엄마는 뭐라도 해주고 방으로 보낸다. 손님이 없고, 한가할 때는 아이가 머리를 해달라고 하지 않는다며 부모는 너무 의아해 했다. 아이와 상담을 하면서 자연스럽게 이유를 알게 되었다. 아이가 받고 싶은 사랑은 엄마가 자신을 바라보면서 쓰다듬어 주는 것이었다. 아이는 몇 시간 동안 방 안에 혼자 방치된 것이 싫었다. 부모가 자신을 투명 인간처럼 대하는 것 같다고도 했다. 그런데 머리를 해달라고 의자에 앉으면 거울로 계속 자신을 보며 머리를 만져 주게 된다는 걸 안 것이다.

떼를 줄이는 방법은 간단하다. 일하면서 중간중간 가서 안아주고, 눈 맞추고, 인사하고, 뭐 하고 있냐고 아는 척을 해주면 된다. 아이의 엄마, 아빠는 아이를 매우 사랑했다. 기다리면서 심심할까 봐 마트에 있는 장난감을 잔뜩 사서 방 안을 꽉 채워놓았다. 신상품이 나오면 얼른 사서 채워놓고, 기다리는 아이가 즐겁게 놀 수 있게 만들어 주었다. 그러나 아이의 애착 코드는 눈 맞춤과 쓰다듬어 주는 손길에 있었고, 부모의 애착 코드는 장난감에 있었다. 사랑하지 않는 것은 아닌데 코드가 맞지 않아 떼가 난 것이다. 물론 아이는 부모가 사준 장난감을 좋아했지만, 이 아이에게는 부모의 눈 맞춤과 쓰다듬는 손길이 먼저였던 것이다.

우리 아이의 애착 코드가 무엇인지를 아는 것은 중요하다. 그러려면 언제, 무엇에 아이가 사랑을 느끼는가에 민감해져야 한다. 아이마다 '부모와 함께 노는 시간, 함께 무엇인가 먹을 때, 눈 맞춤, 스킨십, 같이 노래 부를 때, 사랑한다는 말이나 보고 싶었다는 말을 들을 때' 등 다양할 것이다.

치즈 토핑이 넘치는 커다란 피자가 먹고 싶었다. 혼자 큰 피자를 시켜서 먹기에는 가격도 비싸고, 많이 남을 것 같아 집에 있는 또띠아로 간단히 만들어 먹었다. 피자와 비슷한 맛에 어느 정도 만족이 되었지만, 여전히 상상 속의 그 피자가 먹고 싶다. 역시 혼자 큰 피자를 주문하기에는 부담스러우니 빵집에서 파는 피자빵을 사 먹었다. 피자와 비슷하고, 맛있으니 또 어느 정도 만족이 되었다. 시간이 지나니 다시 치즈가 길게 늘어나는 커다란 피자가 먹고 싶다. 안 되겠다. 주문하자. 그런데 배가 불러서 먹기 힘들다. 차라리 처음에 주문해서 먹었으면 어땠을까. 이제 배가 불러서 먹을 수가 없다.

애착 코드는 마치 내가 먹고 싶은 피자 한 조각과 같다. 피자와 비슷한 것을 먹는다고 맛없거나 싫은 것은 아니지만 계속 아쉽다. 원하는 피자 한 조각을 먹는다면 만족스럽고, 다른 것을 먹어도 상관없다. 아쉽지 않다. 이것저것 다른 것으로 충분한 것보다는 딱 맞는 것으로 충만한 애착 코드를 채워주길 권하는 이유다. 사례의 아이에게 이것저것 장난감이 충분한 것보다는, 눈 맞춤과 손길의 충만함이 필요했다.

요즘 부모들은 아이들에게 충분함을 주고 싶어 하지만, 충만함이 먼저다. 애착은 한 인간이 살아가는 데 매우 기본이 되는 자양분이다. 따라서 5~7세 시기에 부모로부터 안전, 충만함으로 튼튼하고 건강한 자아가 형성되어야 할 것이다.

육아의 2가지 포인트

아이를 기르는 일은 어떤 말로 딱 잘라 정의하기가 어렵다. 부모의 성향, 아이의 기질, 양육의 환경, 나이 등에 따라 다양한 변수가 생기고 저마다 방향이 다르기 때문이다. 상담 센터에서 부모 상담을 하면 육아에 대한 천차만별의 생각과 마주하게 된다.

아이가 태어나면서부터 이중언어를 쓰게 하려고 애쓰는 부모가 있었다. 한국어와 영어 2가지 언어를 모국어로 만들어 주겠다는 일념으로 아이가 태어나자마자 노력했다. 영어 노래, 영어로 말하는 장난감, 영어 동화책, 영어 영상, 원어민 선생님과의 수업, 영어 유치원 등으로 힘쓰면서 결과물을 기대했다. 경험상 이런 부모들은 저마다 사연이 있다. 영어를 못해서 자존심이 상했거나, 열등감을 느꼈거나, 아니면 외국어에 대한 열망이 있거나…. 부모의 사연과 열정으로 아이는 2가지 모국어를 습득해야만 한다.

몇 년 후 결과는 참 놀라웠다. 아이는 부모의 노력으로 2가지 언어를 자연스럽게 습득하게 되어 주변의 부러움을 산 것이다. 육아방송에 나와 언어 교육의 좋은 예로 인터뷰도 하고 엄마표 영어를 주제로 책을 내기도 했다. 2가지 언어를 습득하게 된 아이는 언어의 자유로움이 있어 다양한 국적의 친구를 사귀기도 하고, 여행에서 부모의 통역사 역할을 하기도 했다.

다른 결과도 있었다. 한국어와 영어 2가지 언어를 하기는 하는데 모국어 수준이 아닌 둘 다 제2 외국어 수준이었다. 적어도 한 가지 언어는 모국어 수준이 돼야 또래 친구들과 대화도 하고, 자기의 생각과 의견을 말로 전달할 수 있다. 아이는 유치원에 가게 되면서 자신의 상황과 요구를 말로 정확하게 표현하지 못해 불만이 가득하고 툭하면 울음을 터뜨렸다. 때로는 과하게 화를 내기도 하고, 아이 스스로 답답해서 발을 동동 구르기도 했다. 부모와 아이 둘 다 힘들어 상담을 의뢰

한 케이스였다.

또 다른 결과로 부모와 아이의 사이가 안 좋아진 경우도 있었다. 어찌어찌 2가지 언어는 익혔는데, 부모가 영어와 관련된 것을 제안하면 화를 낸다. 동영상을 틀려고 하면 보기 싫다고 짜증을 내고, 원어민 선생님과의 수업 시간에 집중하지 않는다. 익힌 영어를 잊어버릴까 전전긍긍한 부모는 어떻게든 영어 동영상을 보여줘야 하니 아이와 종일 씨름한다. 그 외에 결과로 영어도 한국어로도 아예 말을 안 하는 아이도 있었고, 부모의 무리한 요구에 지쳐 일상에서 아무 의욕이 없어진 아이도 만났다.

같은 목표로 비슷한 노력을 해 길렀는데 왜 다른 결과가 나왔을까?

아동기 초기 부모가 붙잡고 가야 하는 육아의 2가지 포인트를 놓쳤기 때문이다. 아동기 초기 무엇보다 중요한 2가지는 정서의 안정과 좋은 습관이다. 부모 자녀 간의 안정 애착, 무조건적 사랑과 수용 경험, 존재로서 인정받고 사랑받는 눈빛, 마음이 통하는 대화 등으로 정서의 안정을 주어야 한다. 안정 애착 경험은 한 사람의 인생에 아주 중요한 베이스가 된다. 문제는 정서의 안정에만 신경을 쓰면 부작용이 생긴다는 것이다. "힘들었구나, 실망했구나" 등의 마음 읽기만 하면 초등학생이 되어 "방 좀 치워라, 옷 벗으면 빨래 바구니에 좀 넣어라, 연필은 좀 스스로 깎자, 왜 학원 시간을 못 맞추니" 등의 잔소리가 끊이질 않게 된다.

그래서 정서의 안정과 동시에 일상의 좋은 습관을 길러주어야 한다. 매일 방 청소를 해주면서 "힘들구나"라고 마음을 읽어주는 것은 바람직하지 않다. 생활 습관, 생각 습관, 행동 습관, 학습 습관, 대화 습관…. 일상에서 자기 스스로 자율적인 생활이 가능할 수 있게 알려주어야 한다. 결국 정서의 안정과 좋은 습관이 균형을 이룰 때 아이는 편안하게 성장할 수 있다.

같은 열정으로 노력했는데 정서의 안정은 없이 이중언어 습관만 키우면 부작용이 생긴다. 2가지 언어를 습득했지만 그 언어로 다른 사람과 친밀한 대화, 마음을 나누는 대화를 하기는 어렵다. 반대로 정서의 안정만 챙기면 언어습득을 위해 아이의 비위를 맞추게 된다. 일일이 책을 펴주어야 하고, 영상을 틀어달라는 대로 틀어주어야 하는 등 부모가 하나하나 시중을 들게 된다. 점점 자율성이 낮아지고, 자율성이 낮으면 일상에서 반복되는 잔소리가 늘게 되고 결국 부모는 크게 화를 내게 된다.

정서의 안정과 좋은 습관의 균형을 강조하다 못해 가끔은 강요한다. 이 2가지를 잘 쌓아 놓아야 부작용 없이 유치원도 다니고, 스스로 친구도 사귀고, 숙제도 하고, 나아가 자신의 인생을 디자인할 수 있다. 무엇이 먼저인지 기억해야 한다. 육아에 대한 천차만별의 생각을 마주할 때마다 이 2가지에 대해 꼭 전달한다.

  5~7세는 정서의 안정과 좋은 습관의 균형을 맞추기 좋은 시기다. 이 2가지는 시간이 걸리고, 노력이 필요한 영역이다. 마음을 내어 아이와 눈을 맞추고, 시간을 내어 아이의 말에 경청하며, 손을 내밀어 좋은 습관이 될 경험을 주어야 한다. 부모와 함께 이 2가지를 얻는다면, 초등학교 생활은 물론이고, 앞으로 부모의 손이 닿지 않는 아이의 삶에 큰 자산이 될 것이다. 초등학교 입학 전 두 가지의 균형으로 육아의 포인트를 잡자.

아들 육아 VS 딸 육아

"아들들은 정신없어."
"딸들은 말이 많아."
"아들들은 단순하고 뒤끝이 없어."
"딸들은 감정선이 복잡하고 피곤해."
"아들 행동을 이해하기 힘들어요."
"딸 키우기가 아무래도 수월하죠."

여러 가지 말로 아들 육아와 딸 육아를 나누어서 특징짓는 것에 반대라기보다는 찬성하는 편은 아니다. 물론 생물학적인 차이는 있다. 또 어느 정도 맞는 부분이 있으니 많은 사람이 아들 육아와 딸 육아에 호응하고, 육아에 도움을 받고 있을 것이다. 그런데 성별보다 더 중요한 건 아이의 고유한 특성이라고 생각한다. 아이들을 상담하면서 딱히 아들과 딸로 나누어서 보는 시선은 큰 의미가 없다고 여겨졌다. 얌전한 아들도 있고, 와일드한 딸도 있다. 섬세한 감정선으로 외부의 자극에 민감하게 반응하는 아들도 있고, 외부의 자극에 큰 타격 없이 털털한 딸도 있다. 그럴 때 "딸이 딸 같지 않아요", "아들인데 딸 같아요", "딸 같은 아들이에요" 등의 말을 한다.

아들이 자동차, 기차, 로봇 같은 장난감을 가지고 놀면 '역시 아들이라 바퀴가 있어야 하고, 로봇이 제격이지'라고 자연스럽게 생각한다. 딸은 인형과 드레스, 아기자기한 캐릭터 등을 가지고 노는 것이 자연스럽다. 예쁜 인형을 가지고 노는 아들, 로봇을 선호하는 딸이라면 또 위에서 했던 말을 듣게 된다. 그러다 보니 딸이 활발하면 조금 문제가 있는 것처럼 보기도 하고, 아들이 얌전하면 소심하다며 걱정의 시선을 보내기도 한다. 아들이 과하게 활동적이어서 약간 문제가 보여도 아들이니 그럴 수 있다고 넘어가기도 하고, 딸이 걱정될 정도로 우는데 여자애들은 어릴 때 그럴 수 있다고 넘기기도 한다.

태어날 때부터 가지고 태어난 기질, 성향은 성별보다 중요하다. 그래서 상담센터에서 상담할 때 남자아이, 여자아이로 나누어서 보지 않는다. 신체, 언어, 인지, 정서, 사회성의 발달 수준과 타고난 기질, 성장 과정, 성장 환경, 형성되어 있는 성격 등으로 살핀다. 이때 성별은 그저 생물학적으로 여자냐 남자냐를 나누는 정도다. 따라서 부모님과 양육 상담을 할 때도 성별보다는 이 기준으로 상담을 한다.

육아 상담을 하다 보면 부모 역시 태어날 때부터 가지고 있는 고유의 특성이 있기에 아들이라 힘들고 딸이라 편한 것도 아닌 경우를 수도 없이 본다. 딸이라 조심스럽고 아들이라 편한 것도 아니다. 일반적인 예상을 깨는 경우가 아주 많았다. 일명 여성스럽고, 소녀 같은 엄마여서 아들 육아는 버겁고 딸 육아는 쉬울 것이라 예상했다. 그런데 아들과의 놀이가 재밌고, 소통도 잘 됐다. 아들의 관심사에 대해 잘 알고 있었고, 아들 역시 고민이 있으면 엄마를 찾았다. 모두의 예상을 깨고, 둘은 매우 친밀했다.

다른 예도 있다. 무뚝뚝한 아빠라 아들 육아가 쉽고 딸 육아가 버거울 것이라 예상했지만 딸과의 소통이 쉽다고 했다. 딸과 차 한잔하면서 연예인에 대한 수다도 떨고, 아빠 회사 이야기도 한다고 했다. 아빠와 함께 갈 예쁜 카페를 검색해

보내기도 하고, 아빠 역시 맛집을 알아놓기도 했다.

예상을 깨는 두 부모의 공통점은 어릴 때부터 자녀를 아들이냐 딸이냐로 구분 짓지 않은 것이다. '아들이니까 아들처럼 길러야지, 딸이니까 딸처럼 길러야지' 하는 아들 육아, 딸 육아에 대한 고정관념이 없었다.

부모도 자신의 고유한 특성이 있고, 아이도 각자의 고유한 특성이 있다. 함께 살면서 다름을 인정하고, 서로를 이해하면 된다. 그리고 서로 어우러지는 좋은 관계를 만들면서 육아를 하는 것이다. 아들 육아, 딸 육아 구별 말고 아이 자체로 이해하고 어우러지는 것에 초점을 맞추길 추천한다.

부모와 함께
있고 싶은 아이들

　우리가 무엇을 좋아하는지 어른들은 몰라요. 우리가 무엇을 갖고 싶어 하는지 어른들은 몰라요. 장난감만 사주면 그만인가요. 예쁜 옷만 입혀주면 그만인가요. 어른들은 몰라요. 아무것도 몰라요. 마음이 아파서 그러는 건데. 어른들은 몰라요. 아무것도 몰라요. 알약이랑 물약이 소용 있나요. 언제나 혼자이고 외로운 우리들을 따뜻하게 감싸 주세요. 사랑해 주세요. 우리가 무엇을 생각하는지 어른들은 몰라요. 우리가 무엇을 바라보고 있는지 어른들은 몰라요. 귀찮다고 야단치면 그만인가요. 바쁘다고 돌아서면 그만인가요. 어른들은 몰라요. 아무것도 몰라요. 함께 있고 싶어서 그러는 건데. 어른들은 몰라요. 아무것도 몰라요. 초콜릿과 놀이터가 소용 있나요. 언제나 혼자이고 외로운 우리들을 따뜻하게 감싸주세요. 사랑해 주세요.

- 노래 〈어른들은 몰라요〉

5살 아이의 학습지 사랑

"하루에 학습지 한 권을 다 풀어요. 그만하자고 해도 재밌다고 계속 하자고 해요. 저도 애 엄마도 공부에 큰 취미가 없었는데 애가 공부 스타일이에요. 한번 시작하면 한 시간은 거뜬해요."

"문제는 그만하자고 하면 난리가 나요. 좀 힘들기도 하고 기특하기도 해요. 이러다 우리 집안에 서울대생 나오겠어요." (흐뭇하게 하하하)

6살 아이의 편의점 사랑

"매일 저녁 편의점에 가지고 해요. 비가 오나 눈이 오나 상관없어요. 비 오면 우산 쓰고 눈 오면 패딩 입고 나가면 된다네요. 그것도 꼭 우리 단지가 아닌 옆 단지 편의점에서 간식을 사 달래요."

"미리 마트에서 간식을 사다 놔도 꼭 없는 걸 찾아요. 편의점 아르바이트생이 저희 애 이름을 알 정도예요."

"날씨가 안 좋아서 집에 있는 거 먹자고 하면 울고불고하네요. 꼭 그 시간에 원하는 것으로 사 먹고 싶다네요."

7살 아이의 야구 사랑

"아이가 야구를 너무 좋아해요. 애 아빠가 야구를 좋아하는데 이런 것도 유전인지 매일 야구 중계를 봐요. 야구 경기 없는 월요일이랑 비 오는 날 야구 안 하면 그렇게 아쉬워하네요."

"야구 중계가 늦게 끝나서 9시쯤 자자고 하면 야구 보고 싶다고 통곡을 해요. 그러니 매일 밤늦게 자고, 아침에 일어나기 힘들어서 짜증 내는 생활이 반복돼요. 저는 야구 시즌이 너무 힘들고 싫어요."

부모님께 상담 의뢰 내용을 듣고, 상담센터에서 만난 세 친구의 공통점이 있었다. 학습지 사랑, 편의점 사랑, 야구 사랑은 진짜 진심이 아니었다는 것이다. 이런 경우 부모님들께 자주 인용하는 노래 가사가 있다. 〈어른들은 몰라요〉라는 노래는 '우리가 무엇을 좋아하는지 어른들은 몰라요'로 시작한다.

5살 학습지 사랑 아이의 진심

엄마랑 놀고 싶다.

엄마는 내가 놀자고 하면 5분 정도 놀아주고, 이제 혼자 놀라고 한다. 난 이제 시작인데 엄마는 이미 스마트폰을 보고 있다.

집안일해야 한다고 하고, 바쁘다고 하지만 엄마도 유튜브 보고 있는 거 다 안다. 맨날 피곤하다고 나랑 놀지 않는다.

그런데 학습지를 하면 엄마가 기특해한다. 모른다고 물어보면 친절하게 알려주고 진짜 잘한다고 감탄한다. 이러다 서울대 가겠다면서 웃음을 짓고 옆쪽 문제도 해보라고 한다.

엄마랑 마주 앉아서 놀고 싶지만, 안 된다면 학습지라도 하겠다. 난 엄마랑 같이 이것저것 하고 싶으니까.

6살 편의점 사랑 아이의 진심

아빠가 퇴근했다. 아빠랑 말하고 싶다.

그런데 아빠가 동생을 안았다.

나는 컸으니까 혼자 놀라고 하거나 TV를 틀어준다.

나도 아빠가 안아줬으면 좋겠다. 집에 있으면 아빠가 동생을 안아주고 있어서 내가 말해도 못 듣기도 한다. 그러면 내가 계속 아빠를 부르고 아빠는 책을 읽으라고 한다.

아빠랑 단둘이 말하려면 나가야 한다는 것을 깨달았다. 나갈 구실이 필요하다. 그렇다. 편의점이 딱이다. 간식은 거들 뿐 난 아빠와 말하고 싶다.

7살 야구 사랑 아이의 진심

아빠랑 친해지고 싶다. 그런데 아빠는 야구랑 친하다.

퇴근하고 저녁을 먹으면서 보다가 잘 때까지 본다.

아빠랑 친해지기 위해 아빠랑 친한 야구에 흥미를 갖기로 했다. 월요일이랑 비 오는 날 야구를 안 보면 아빠랑 안 친한 것 같아서 불안하다.

엄마가 늦었다고 야구 그만 보라고 하면 아빠랑 안 친해질까 봐 걱정이 된다.

학습지 안 해도 된다. 학습지 한 시간 대신 마주 앉아서 다양한 놀이를 하는 게 더 낫다. 편의점 안 가도 된다. 편의점 대신 동생 없이 아이 방에 들어가 단둘이 대화를 하는 게 더 낫다. 야구 안 봐도 된다. 아이의 흥미에 아빠가 함께 하면서 친밀감을 느끼게 해주자. 난리 나고, 울고불고 통곡하는 일이 사라질 것이다. 〈어른들은 몰라요〉 노래의 중요 포인트는 이 부분이다.

"어른들은 몰라요, 아무것도 몰라요. 함께 있고 싶어서 그러는 건데."

5세는 학습보다 관계가 우선이다

 아이가 5세가 되면 쏟아지는 각종 육아 정보에 부모들이 혼란스럽다. 4세까지는 어린이집 생활을 하면서 잘 자고, 잘 먹고, 잘 다녀주면 큰 어려움이 없다. 그런데 5세부터 유치원 선택에 대한 고민을 시작으로, 주변에서 슬슬 학습을 시작하고, 학원에도 다니니 나도 모르게 비교가 된다. 벌써 영어교육에 들어간 친구도 있고, SNS에서 보는 여러 가지 엄마표 수업을 보면 뭔가 뒤처진 마음이 든다. 책을 사고, 영어 동영상 정보를 검색해보고, 한글, 수 교육을 알아본다. 피아노, 태권도, 미술, 영어, 수영 등 왜 이렇게 할 것이 많은지 유치원 아이 일정이 점점 인기 연예인 스케줄이 되어간다. 보고 들리는 정보에 마음이 불안하다. 이런 불안의 시대 속에서 만났던 한 아이가 생각난다.

마트에 갔더니 뽀로로 캐릭터가 그려져 있는 책상을 할인해서 팔고 있었다. 마침 놀이상담실 책상이 낡아서 사려는 참이었기에 얼른 샀다. 낡은 책상을 버리고 상담실 카펫 위에 뽀로로 책상을 놓았다. 책상을 마주하고 아이들과 놀 생각을 하니 저절로 웃음이 났다. 뽀로로 책상은 만능 책상이다. 그림도 그리고, 클레이 놀이도 하고, 인형 놀이도 한다. 소꿉놀이할 때는 밥상, 선생님 놀이를 할 때는 책상, 병원 놀이를 할 때는 진료대, 보드게임을 할 때는 보드게임 판이 된다. 책상을 세우고 몸을 웅크리고 총을 쏘면 커다란 방패가 되기도 한다. 눕혀 놓으면 책상다리 4개에 고리 던지기를 할 수 있다. 책상 하나 가지고 다양한 놀이를 하니 금방 낡는다.

"어! 우리 집이랑 똑같다. 책상 샀어요?"

"지난번 책상이 너무 낡아서 버리고 새로 샀어. ○○네 집에 있는 책상이랑 똑같구나."

"저는 뽀로로 책상 버리고 싶어요."

아이는 놀이상담실에 들어오자마자 바뀐 책상을 알아봤다. 집에 있는 것과 같은 디자인이라며 책상에 관련된 이야기를 하다가 그 책상을 망치로 부숴 버리고 싶다고 했다. 평소 조용조용하고 과격한 것을 불편해하는 아이라 약간 놀랐다. 지난주에 이어 역할 놀이를 하다가 버리고 싶은 이유를 알게 되었다.

그 아이의 집 뽀로로 책상도 역할이 다양했다. 그림도 그리고, 밥도 먹고, 간식도 먹고, 보드게임도 한다. 그런데 얼마 전부터 '공부'라는 새로운 기능이 추가되었다. 엄마와 얼마 전부터 학습을 시작한 것이다. 한글, 수, 연산, 영어 등의 다양한 학습 교재가 뽀로로 책상 위에 놓였다. 엄마와 공부를 하기 시작하면서 아이가 들은 말은 이렇다.

"어디 보니? 책 봐야지."

"(책상을 톡톡 치면서) 집중해야지. 잘 들어봐."

"잘 생각해 봐. 조금 전에 가르쳐줬잖아."

아이는 엄마와 학습을 시작하면서, 뽀로로 책상 앞에 앉으면 엄마가 점점 화를 낸다고 느꼈다. 가르쳐줬는데 왜 모르냐고 다그치고, 얼른 3번씩 쓰라고 재촉한다. 움직이면 돌아다니지 말고 집중하라는 말을 듣는다. 그림 그리면서 놀고 싶은데 이거(학습지) 다 해야 놀 수 있다고 한다. 뽀로로 책상 앞에 앉으면 긴장되고 경직되는 듯했다. 엄마가 점점 무서워진다.

나는 엄마에게 이 사실을 이야기하며 지금 중요한 것은 학습보다 아이와의 안정적인 관계라고 알려주었다. 엄마의 학습을 줄이고 꼭 하고 싶은 영역은 전문 선생님을 모시길 권유했다.

"선생님, 저 지금은 쉬고 있지만 사실 꽤 인기 있는 학습지 교사였어요. 다른 건 몰라도 미취학 아이들 한글, 수, 영어는 잘 가르칠 자신 있어요."

엄마의 유능감과 가르치고 싶은 마음은 충분히 공감할 수 있지만, 지금은 아이와의 관계가 중요한 시기라고 설득했다. 하지만 엄마의 열정과 결심은 꺾이지 않았다. 오히려 내가 잘할 수 있는 것으로 아이와 시간을 보내면 더 좋을 것이라고 확신하고 있었다. 물론 그 이면에는 아이를 잘 가르쳐서 개인적인 성취감과 자신감을 회복하고 싶은 엄마의 인정 욕구도 있다고 고백하셨다. 엄마와 아이를 위해 다른 방법이 필요했다.

"하루에 아이와 20분 매일매일 학습을 하고 싶다고 하셨죠. 그렇다면 잠시 학습을 멈춰주세요. 당분간 뽀로로 책상을 마주하고 아이와 40분씩 매일 노세요. 뽀로로 책상 앞에 앉으면 엄마와의 즐거운 놀이가 떠오르고 저절로 기분 좋은 감정이 느껴질 때까지 노세요. 뽀로로 책상 앞에서 노는 것이 특별함이 아닌 당연함이 되면 그때 학습을 다시 시작하세요."

뽀로로 책상을 보고 기분 좋음이 느껴질 때 학습을 시작하면 긴장감이 낮아질 것이라고 권유했다. 긴장감이 낮아져야 학습 효과가 있을 것이라는 말 때문인지 엄마는 흔쾌히 그렇게 하겠노라고 받아들였다. 일주일 후 엄마는 이렇게 말했다.

"아이랑 학습하려고 하면 시간이 빨리 가는데 놀이를 하니 10분이 너무 길어요."

"놀이에 집중이 안 되고 빨리 일어나고 싶고 역할 놀이가 너무 지루했어요."

아이가 엄마와 학습할 때 했던 말과 같았다. 엄마는 아이와 공부하고 싶고, 아이는 엄마와 놀고 싶어 했다. 학습은 전문가 선생님께 맡길 수 있지만, 아이와의 관계는 누가 해줄 수 없는 부분이라고 설득했다. 학습은 지금 하지 않아도 언제든 시작할 기회가 오지만, 엄마와의 관계는 지금 만들어야 하는 부분이 있다고, 나중에 지금 만들지 못한 관계를 다시 만들려면 꽤 큰 노력이 든다고 설득했다. 엄마는 학습을 놓기 힘들어하셨지만 결국 당분간 학습은 안 하기로 했다. 잘 노는 관계, 안정감 있는 관계, 긴장감이 아닌 편안함이 있는 관계, 안정 애착 관계에 대해 설득을 하면서 뽀로로 책상으로 할 수 있는 놀이를 소개했다. 얼마 후 아이는 상담센터에

문을 열자마자 자랑했다.

"뽀로로 책상에서 클레이 했어요."

"뽀로로 책상으로 고리 던지기 했어요."

"뽀로로 책상으로 총 놀이 했어요."

처음 상담센터 문을 두드리게 했던 어려움들이 사라지고 있었고, 곧 아이와 헤어질 준비를 하게 되었다. 상담을 하면서 수많은 종결을 맞이하지만, 늘 감격스럽다. 앞으로 쭉 뽀로로 책상을 버리고 싶은 마음이 들지 않았으면 한다.

"제 설득을 받아들이고, 실천해 주셔서 감사합니다. 잘 유지해 주시길 부탁드려요. 그리고 주변의 학습 성취 자랑에 흔들리지 말아 주세요. 지금 중요한 것은 학습이 아닌 아이와의 관계입니다."

육아 방향을 정하는 데
도움이 되는 이론

어린이집에 다니다가 이제 유치원에 다니는 나이
어느 정도 말도 통하고, 조금씩 한글도 배우는 나이
초등학교 입학을 준비해야 하는 나이
영유아기를 벗어나 부모가 육아의 길에서 한숨 돌리는 나이

일반적으로 부모가 생각하는 5~7세의 특징이다. 그렇다면 학자는 뭐라고 설명할까? 심리학자가 말하는 5~7세에 대해 간단히 설명하려고 한다. 중요한 건 이론이 아닌, 부모가 알고 육아에 도움을 받아야 할 부분을 찾는 것이다.

에릭 에릭슨은 심리 사회적 발달이론으로 잘 알려진 심리학자로, 인간의 평생 발달 과정을 8단계로 나누어 설명했다. 에릭슨의 이론은 각 발달 단계마다 핵심 과제가 있고, 이를 성공적으로 해결하면 긍정적인 성격 특성과 심리적 자질을 갖게 된다고 보았다. 반면, 실패하면 그 단계에서 가져야 할 발달과업을 얻지 못하게 된다고 보았고, 다음 단계에 부정적인 영향을 준다고 보았다. 학령기 전까지는 첫 번째에서 세 번째 단계에 해당한다.

첫 번째 단계는 신뢰 대 불신의 단계로, 생후 첫해 동안의 영아기(0~1세)에 해당한다. 이 단계에서는 기본적인 신뢰감을 형성하게 된다. 주 양육자가 일관되게 아이의 필요를 충분히 충족시키고 돌봐준다면, 세상에 대한 신뢰를 배우게 된다. 이 신뢰감은 아기가 미래에 다른 사람들과 관계를 맺을 때 기초가 된다. 반대로, 이 단계에서 아이가 일관된 돌봄을 받지 못하거나 방치될 경우, 세상에 대한 불신을 형성하게 되고 이는 후속 발달 단계에 부정적인 영향을 미칠 수 있다. 이처럼 신뢰감은 이후 단계에서 건강한 심리적 발달을 위한 필수적인 기반을 제공한다.

두 번째 단계는 자율성 대 수치와 의심의 단계로, 유아기(1~3세)에 해당한다. 이 시기에 아이들은 자신의 신체와 행동을 조절할 수 있는 능력을 발달시키고, 독립성을 추구하기 시작한다. 부모가 이 시기에 아이의 자율성을 존중하고 지지해 준다면, 아이는 자율성을 획득하고 자신감을 갖게 된다. 그러나 부모가 지나치게 통제하거나 비판적일 경우, 아이는 수치심과 의심을 느끼게 되어 자신감이 저하될 수 있다. 따라서 이 단계에서는 아이가 자신을 신뢰하고 자율성을 발달시킬 수 있도록 하는 환경을 제공하는 것이 중요하다.

세 번째 단계는 주도성 대 죄책감의 단계로, 아동기 전기(3~6세)에 해당한다. 이 시기의 아이들은 주변 세상을 탐구하고자 하는 욕구를 가지며, 다양한 활동을 통해 자신의 능력을 시험하려고 한다. 만약 부모나 주변 어른들이 아이의 이러한 시도를 격려하고 지지해 준다면, 아이는 주도성이 발달되고 자신감을 얻게 된다. 그러나 아이가 자신의 시도에 대해 꾸중을 듣거나 실패를 경험할 때 죄책감을 느끼게 되면, 주도성 발달에 저해가 된다. 이 단계에서는 아이가 자유롭게 탐구하고 시도할 수 있도록 하는 것이 중요하고, 실패하더라도 긍정적인 피드백을 통해 배움의 기회로 삼도록 돕는 것이 필요하다.

에릭 에릭슨에 의하면 5~7세에 필요한 것은 신뢰감, 자율성, 주도성이다. 부모와의 관계에서 안정 애착, 좋은 습관, 독립적인 생활을 돕는다면 저절로 얻을 수 있는 것들이다. 학자들의 이론은 방향을 정할 때 필요하다. 육아라는 긴 항해에서 5~7세 육아의 방향을 신뢰감, 자율성, 주도성으로 잡고, 노를 저어 가자. 어느덧 건강하게 성장하는 아이를 마주할 수 있을 것이다.

혼자 할 수 있는 것이 많은 5~6세

코로나 때 온라인 상담을 시작했다. 다양한 플랫폼을 사용하면서 '화상 상담', '비대면 육아 상담', '온라인 양육 상담' 등으로 불렀다. 책상 아래는 수면 바지, 책상 위는 재킷을 입고 카메라 앞에서 하는 상담은 새로운 삶이 되었다. 그 시기에 온라인으로 상담을 하면서 겪은 경험을 나누어 본다.

화상 상담을 하는 도중 계속 엄마를 부른다

화상 상담은 부모 상담만 진행했다. 상담센터에 부모가 방문해서 상담을 하면 몰랐을 텐데 집에서 온라인으로 하다 보니 알게 된 것이 있다. 작은 방에 들어가서 1시간 정도 상담하는 엄마를 아이들이 계속 찾는다. 분명 1시간 동안 상담을 한다고 부르지 말라고 했을 텐데 아랑곳하지 않고 계속 방문을 연다. 급기야 상담 도중 나가서 TV를 틀어주거나 스마트폰을 하게 해주면 좀 잠잠하다. 그런데 얼마 못 가서 '다른 프로 봐도 되냐, 다른 게임 해도 되냐, 뭐 먹어도 되냐, 로그인이 안 된다' 등으로 엄마를 또 찾는다. 심지어 아이가 1분에 한 번씩 방문을 열어서 상담이 중단된 적도 있었다. 집 안에서 '1시간 상담'이라는 엄마의 개인 스케줄이 전혀 배려받지 못했다. 예의가 없거나 말을 안 듣는 느낌이 아니라, 자연스럽고 당연하게 배려가 없었다. 엄마만의 시간과 공간, 즉 집 안에서 엄마만의 스케줄이 있다는 것을 이해하지 못하는 것으로 보였다.

온 가족이 거실에서 생활한다

거실에 온 가족이 옹기종기 모여서 생활하는 집이 많았다. 초등학생 자녀가 온라인 수업을 하면 엄마는 카메라 밖에 앉아 있다. 아이의 책과 노트를 챙겨주고, 카메라 속 선생님이 알려주시는 과제가 무엇인지 체크한다. 무려 1교시부터 5교시까지 그렇게 부모가 함께 하고 있었다. 수업 시간, 쉬는 시간, 점심시간까지… 그 정도면 엄마랑 같이 학교에 다닌다고 해도 과언이 아니다. 힘들어서 방에 들어가서 쉴 때도 혹여나 아이가 뭐 필요할 것이 있을까 싶어 방문을 열어놓고 수업 소리를 들으면서 누워 계신다고 했다. 아이 방이 없는 것도 아니고, 1학년도 아니었다. 놀 때도 장난감들을 거실로 가지고 나와서 놀고, TV 시청도 거실에서 한다. 아빠도 거실 소파에서 스마트폰을 하시거나 TV를 보고, 간식을 먹는다. 거실과 연결된 주방에서 밥을 먹으니 온 가족이 거실에 있는 경우가 많고 심지어 온 가족이 거실에서 같이 자는 경우도 자주 봤다.

부모의 취향이 사라진다

중국집에서 아이와 엄마가 우동과 짜장면을 시킨다. 이유는 2가지 다 아이가 좋아하는 메뉴이기 때문이다. 사실 엄마는 불짬뽕을 좋아하는데…. 아이는 엄마가 좋아하는 메뉴에 전혀 관심이 없다. 중국집에서는 당연히 내가 좋아하는 우동과 짜장면을 시켜서 엄마와 같이 먹는 것 외에 다른 경우를 생각할 수 있는 경험이 아예 없기 때문이다. 외식, 외출이 모두 아이들 중심으로 돌아간다. 오프라인으로 학교에 다닐 때는 애들 학교 가고 내가 원하는 것들을 했는데 코로나에 종일 붙어 있다 보니 아이의 삶과 부모의 삶이 나누어지지 않는다.

많은 것을 다 해주어서 힘들다

다섯 살, 여섯 살인데 매일 저녁 아이를 씻겨주느라 진땀을 뺀다. 이젠 제법 커서 씻는 데 협조해 주지 않으면 힘들다는 말을 자주 들었다. 그때마다 나는 다섯 살, 여섯 살 정도면 슬슬 혼자 씻어도 되는 때라고 말했다. 아직 어린데 어떻게 혼자 씻냐고 '등에 비누 거품이 그대로 있다, 물 뜨거워서 위험하다, 깨끗이 못 씻는다'라며 정색하신다. 답은 간단하다. "차근차근 혼자 씻게 알려주면 된다." 비누 거품 내는 방법, 물 온도 맞추는 방법, 등에 비누가 남지 않게 하는 방법, 조심해야 할 것들, 수건으로 젖은 몸을 닦는 방법을 알려주면서 씻으면 한 달 후에는 아이가 혼자 씻게 된다. 그렇게 되면 저녁마다 소리를 지르면서 진땀을 빼지 않아도 된다. 이런 것들이 너무 많다. 아이가 물이라고 말하면 물 주기, 냉상

고에서 주스 꺼내 주기, 과자 뜯어 주기, 우유에 빨대 꽂아주기, 신발 신겨주기, 하원 후 가방 들어주기 등이다.

주말과 휴일은 엄마들이 더 힘들다. 아이들 시중들기에 바쁘기 때문이다. 애들이 집에 있어도 자신의 삶을 찾는다면 어느 정도 해결이 될 수 있는 부분인데 안타까워 보였다.

"아이와 거리 두기가 필요합니다. 아이의 인생과 나의 인생은 구분이 필요해요. 아이의 일상은 아이의 것으로 주고, 나의 일상을 살아야 합니다. 엄마도 집에서 개인 스케줄이 있다는 것을 아이도 알게 해주세요. 시간과 공간을 구분해서 1시간 정도 엄마를 찾지 않게 알려주세요. 각자 다른 공간에서 자기 일을 하는 생활을 연습하세요. 아이는 아이 방에서 레고를, 엄마는 엄마 방에서 차 한잔을 해도 됩니다. 그리고 불짬뽕 드세요."

5~6세면 혼자 할 수 있는 것이 많아진다. 유치원에 가서 보면 알 수 있다. 아이의 성장 발달에 맞게 혼자 할 수 기회를 주자. 지금 필요한 건 모든 걸 해주는 것이 아닌, 할 수 있게 돕고, 응원하는 것이다.

거리 두기를 마음의 냉랭함이나
관계의 소원함으로 오해하지 마세요.

자신의 의견을
주장하는 시기, 7세

 7세 무렵이 되면 아이랑 부모랑 싸우는 듯한 분위기가 연출되는 집이 많다. 아이가 따박따박 말대꾸를 하기 시작하기 때문이다. 처음에는 친절하게 답을 해주다가 점점 감정싸움이 된다.
 "9시에 누우나 9시 15분에 누우나 어차피 10시에 잠이 드니까 10시에 누우면 안 돼요?"
 "나는 못 하게 하면서 아빠는 왜 계속 스마트폰 해요?"
 "나한테 책 읽으라고 하면서 엄마는 왜 책을 안 읽어요?"
 "어제 게임 30분 못 했던 거 오늘 할래요. 오늘 학습지 많이 했으니까 게임 더 시켜주세요."

　아이는 끊임없이 이유를 묻고 자신에게 불리하다고 생각하는 것은 꼭 짚고 넘어가려고 한다. 따지기도 하고 거래를 하려고도 한다. 마트에 가기로 했는데 비가 억수같이 내려서 못 가겠다고 하면 "그럴 줄 알았어. 아빠 항상 약속을 안 지키지"라고 말하는 아이에게 "너는 뭐 약속을 항상 잘 지키냐!"라고 따지듯 말하게 되면서 이상한 감정싸움으로 번진다. 라면을 맛나게 먹는 엄마에게 "엄마는 다이어트한다면서 왜 이렇게 많이 먹어요?"라고 눈 하나 깜짝 안 하고 말한다거나 일찍 자라고 하면 "나 자면 엄마 아빠는 TV 볼 거면서…"라고 입을 삐쭉삐쭉 댄다. 씻으라고 해도 꾸물거리고 일찍 자라고 하면 대놓고 싫다고 한다. 방 정리를 하라고 하면 싫은 티를 팍팍 내고, 툭하면 말대꾸와 짜증 섞인 반항이 나타나기도 한다.

　이런 말들이 밉상인 이유는 어느 정도 맞는 말이기도 하지만 아이의 태도 때문이다. 돌아보면 아이에게 책을 읽으라고 하지만 나는 스마트폰을 보고 있다. 아이들에게 일찍 자라고 하고 잠들면 TV를 본다. 9시에 눕지만 10시가 다 돼서 잠드는 것도 아이 말이 맞다. 문제는 말하는 아이의 반항적인 말투, 싫음이 팍팍 나타나는 표정, 꾸물거리는 태도를 보면 큰소리가 나간다는 것이다.

큰 틀은 부모가 가지고 있어야 한다

아이들이 7세 무렵이 되면 "오늘부터 미워져야지" 하고 결심하는 것은 아니다. 7세에 대한 이해가 필요하다. 피아제의 인지 발달 이론에 의하면 7세부터 전조작기에서 벗어나 구체적 조작기가 시작된다. 논리적인 사고가 가능하고 실제와 환상을 구분한다. 규칙이나 가치를 이해하고 이성적 판단력이 향상한다. 행동으로 했던 것들을 두뇌로 생각하게 되고, 그 생각을 언어로 구사할 수 있게 된다. 사회적 관계에 대한 이해도 높아진다. 즉 한마디로 요약하면 인지능력, 언어능력, 사회성 능력 등이 성장한다. 물론 신체 능력과 정서 능력도 한층 크다. 그래서 영·유아기 시절보다 육아가 매우 편해지고 있는데 다른 면으로 피곤하다.

다른 사람과 상황에 대한 자기 생각이 생기고 판단하게 된다. 어릴 때는 엄마 아빠가 책을 읽으라고 하면 읽었지만 이젠 엄마 아빠는 스마트폰만 보면서 나에게 책을 읽으라고 하는 것이 부당하다는 생각이 든다. 그리고 말로 표현한다. "엄마 아빠는 안 읽으면서 왜 나한테만 읽으라고 하는 거지?" 부모의 말과 행동을 보고 판단할 수 있게 된 것이다. 이때 부모는 "말 안 듣는다. 반항한다. 말대꾸한다"라고 느끼면서 속으로는 뜨끔뜨끔 찔린다. 해결하지 않으면 매일매일 싸운다. TV 시청, 스마트폰 사용, 게임 시간, 씻기, 장난감 정리, 잠자기, 학습, 등원 준비 등 매사에 자기주장이 생기고 자신에게 유리한 의견을 강하고 안 예쁘게 어필한다.

부모는 일단 아이가 부모의 의견을 판단할 수 있고, 자기 의견을 주장할 시기라는 것을 인정해야 한다. 그리고 알맞은 규칙을 만들고, 태도를 알려주어야 한다. 규칙을 만들 때 충분한 대화와 예행연습을 통해 지킬 만한 규칙으로 결정하자. 예를 들면 '하루에 책 2권 읽기'라는 규칙을 부모가 결정하고 아이에게 전달했다. 일주일을 지내보니 1권 읽은 날, 3권 읽은 날, 한 권도 읽지 않은 날 등으로 불규칙했다. 그런데 일주일을 지나고 보니 15권을 읽은 것이다. 아이는 부모가 말한 것보다 많이 읽었다며 당당하고, 부모는 매일 2권씩 규칙적으로 읽지 않았다고 지적한다. 아이는 매일 2권씩보다는 '일주일에 14권을 월요일부터 일요일까지 자율적으로 나누어 읽고 싶다'라는 의견을 가지고 있다. 그렇다면 일주일간 독서에 대해 아이와 이야기하면서 아이에게 맞는 독서 방식과 독서량을 결정해야 한다. 부모는 책을 읽지 않으면서 자신에게 강요하는 것이 부당하다는 아이의 마음에 공감하고 부모 역시 책을 읽어야 한다.

매번 규칙을 만들 때 아이에게 허락을 구해야 한다고 오해하는 부모가 있다. '충분한 대화'는 자기 의견을 강요하거나 강조하는 것이 아니다. 그야말로 이야기를 나누는 대화다. 대화를 나누면서 아이의 생각과 의견, 마음에 귀를 기울이고 부모 역시 결정해 주거나 시키지 말고 생각과 의견을 잘 전달해야 한다. 이때 전달하는 태도, 말투에 대해 알려주어야 한다. 지적이 아닌 알려줌이다. 먹는 것, 자는 시간, 씻기 등 꼭 해야 하는 건강에 관련된 큰 틀을 부모가 가지고 있어야 한다.

규칙이 자리 잡을 시간이 필요하다

씻으라고 계속 말하기보다는 몇 시 전까지는 스스로 씻어보자고 제안하고 스스로 씻으러 들어가는 경험이 필요하다. 씻으라고 말했을 때 지금 바로 당장 씻으러 가야만 하는 육아를 원하면 결국 화를 내고 큰소리를 내게 된다. 7세는 인지 발달 이론에 의하면 규칙을 세우고 지켜나가기 좋은 나이이다. 규칙을 세웠다면, 그 규칙이 자리 잡을 시간이 필요하다. 한 달간 변동 없이 지켜야 한다. 부모가 아이의 조름에 흔들려서 "오늘만이야!"라고 예외를 두면 두고두고 '오늘만 오늘만'

으로 흔들림을 당해야 한다. 굳건히 지켜나감이 필요하다. 아이에게 부모와 충분한 대화를 통해 규칙을 정했고 항상 그대로 지켜야 한다는 확신을 주어야 한다.

   동시에 필요한 것은 아이의 책임감과 독립성을 키워주는 것이다. 자기주장이 강해지는 일곱 살을 아기처럼 기르면 짜증이 커진다. 독립성의 기회는 매우 매력적이다. 독립된 자신에게 만족감과 유능함을 느낀다. 이 시기는 신체의 성장으로 할 수 있는 것들이 많다. 아이가 가정에서 서비스를 제공 받는 사람의 위치에서 가족들에게 도움이 되는 위치로 살아보게 하는 것을 추천한다. 예를 들면, 모닝커피를 담당하게 하는 것이다. '뜨거운 물은 아직 위험한데…'라고 생각하기보다는 조심스럽게 잘할 수 있는 방법을 알려주는 것이 필요하다. 커피머신에서 버튼만 누르면 커피가 나오는 기계도 있고, 더치커피에 찬물을 부어 차갑게 마실 수도 있다. 토요일 아침에 토스트 기계에 식빵을 구워 딸기잼과 버터를 놓고 아침 식사를 준비하는 역할을 줄 수도 있다. 커피를 마시고, 빵을 먹을 때 '덕분에 잘 마셨다. 덕분에 잘 먹었다'라는 인사는 필수다. 그런데 매번 과한 칭찬은 지양하자. 책임의 분량은 과한 칭찬보다는 격려와 고마움의 표현이 더 어울린다. 아이의 흥미 분야마다 다르게 정하면 된다. 필자의 아이들은 '커피 머신으로 다양한 커피 만들기'와 '편의점에서 가족의 간식을 주문받아 사다 놓기'의 역할을 특히 흥미 있어 했다. 덕분에 매일 아침 따아(따뜻한 아메리카노), 아바라(아이스 바닐라 라떼)를 주문해 마셨다. 다양한 커피 메뉴를 가르쳐 주고 만들면서 한층 친해지기도 했다.

   규칙을 정하는 과정의 힘과 지켜나가는 힘을 기르고 작년보다 책임 있는 역할을 수행하며 유능함을 느끼게 된다. 책임의 역할로 칭찬보다는 격려와 감사함을 받으면서 사회적 관계를 경험한다. 자기주장이 강해지는 때 대화하며 규칙을 정하고 실행해 보면서 조율하고 다시 규칙을 정하는 과정을 경험하면서 조화를 이루는 것을 가르쳐야 한다. 반항과 말대꾸에 감정적인 반응보다는 흥미 있는 독립적인 영역을 알려 주면서 친해지고 도움을 주어 고맙다는 인사를 받으면서 성장하는 때여야 한다.

   8~9세가 되면 이 시기가 지나가기는 한다. 그런데 잘 지나가야 서로에게 좋고 앞으로도 편안하다. 기분 좋게 지나가길 기대해 본다. 부모의 권위와 아이의 자율성을 마치 반의어로 생각하기도 한다. 부모의 권위는 유지하되 아이의 자율성을 키우는 일이 동시에 일어나야 한다. 동시에 일어날 때 '미운 일곱 살'에서 '통하는 일곱 살'이 된다.

아날로그의 긍정적인 힘

처음 상담센터에서 일을 시작했을 때 부모 상담을 하고 있으면 아이들이 기다리는 동안, 책을 읽거나 그림을 그리면서 기다렸다. 또는 상담센터 대기실에 있는 퍼즐이나 장난감을 가지고 놀았다. 소아청소년과에 가도, 치과에 가도 비슷했다. 20년 가까이 상담센터에서 일하면서 볼 수 있는 변화는 기다리는 아이들의 모습이다. 책을 읽거나 그림을 그리는 아이는 거의 없다. 자신의 손보다 더 큰 기기를 들고, 와이파이 비번을 찾는다. 15분 남짓 기다리는 시간을 위해 부모님도 아이도 스마트 기기를 챙긴다. 병원도 놀이동산에서도 아이들의 시선은 화면을 보고 있다. 그리고 디지털 기기로 학습을 하기 시작했다. 패드로 책을 읽고, 그림을 그린다. 책장을 다음 페이지로 넘기는 일, 다른 색깔의 크레파스로 바꾸는 일, 잘못 그리면 다른 종이에 다시 그리는 수고를 하지 않게 되었다. 아이들이 점점 종이와 펜보다는 기기에 익숙해지고 있다. 20년 가까이 아이들을 만나면서 스마트폰을 쥐고 살아가는 지금의 아이들이 가장 스마트하지 않은 느낌을 받는다. 디지털 기기 학습, 디지털 교과서, 디지털 노트의 사용이 늘어나는 것에 안타까워하던 중 다음과 같은 기사를 읽게 되었다.

스웨덴은 2023년 9월부터 디지털 교육을 중단했고, 프랑스도 비슷한 시기에 학교 내 스마트폰을 제한하기로 했으며, 독일은 디지털 교과서 도입에 속도를 내지 않고 있다고 한다. 가장 먼저 맞춤형 디지털 교육을 전면화하며 2013년 개교한 미국의 디지털 기반 학교들은 현재 대부분 폐교한 상태다. 가장 유명하고 투자를 많이 받았던 알트 스쿨을 심층 취재한 비즈니스 인사이더 기자 멜리아 로빈슨은 디지털 교과서 교육의 결과를 문맹자 양산, 피상적 기술의 습득, 사고력의 부재로 정리했다. 그녀는 교사의 철학적 안내가 없는 혁신 기술의 적용은 교육 불가능 상태에 도달할 뿐이라고 첨언했다. (경향신문, 2024.7.30)

핀란드 역시 10여 년간 진행해온 디지털 교육을 중단하기로 했다. 수업 시간에 사용하던 노트북 대신 종이 교과서와 펜으로 학습을 한다. 거의 모든 교실에서 종이 교과서가 사라졌더니 부작용으로 아이들의 집중력 저하, 학습성과 저하라는 문제가 생겨난 것이다. 종이와 펜으로 돌아가면서 핀란드 정부는 수업 중 개인 기기 사용금지법을 추진했다. 벨기에, 네덜란드, 아일랜드에서도 비슷한 정책들이 나오고 있다.

놀이상담실 안에서 느낀 확실한 변화는 아이들이 점점 놀지 못한다는 것이다. 방 한가득 있는 장난감을 구경은 하는데 역할 놀이, 상상 놀이를 하면서 끝없는 놀이의 세계로 들어가기 어려워한다. 아마 스마트폰 게임은 몇 시간 동안 시간 가는 줄 모르고 할 수 있을 것이다. 아날로그 놀이의 즐거움에 흠뻑 빠진 경험을 하는 아이들이 점점 줄어들고 있다. 시시하다고 말하는 아이들도 막상 놀이가 시작되면 땀을 뻘뻘 흘리고 논다. 디지털은 빠르고 편하지만 집중력 저하, 과한 자극들이 있다. 아날로그는 서서히 느끼는 큰 즐거움과 오래도록 기억되는 만족감, 건강한 자극이 있다. 아동심리 전문가로서 아이들의 놀이와 학습이 아날로그로 채워져 가길 바란다.

디지털 기기는 분명 잘 사용하면 좋은 점이 많다는 사실을 부정하는 것이 아니다. 다만 5~7세 아이들이 퍼즐 맞추기,

색칠 놀이를 스마트 기기로 처음 접하기보다는 종이 퍼즐, 나무 퍼즐, 블록 퍼즐로 먼저 해보길 바란다. 여러 가지 크레파스와 색연필로 종이에 색칠하는 것의 즐거움을 먼저 알았으면 좋겠다. 퍼즐 조각들의 다양한 질감을 만져보고, 퍼즐 모양을 이리 돌려보고 저리 돌려보면서 모양을 어떻게 맞춰야 할지 고민하면 아이의 사고하는 힘이 자란다. 색칠하다가 선을 넘으면 스마트 기기에서는 쓱쓱 문지르면 지워진다. 하지만 종이에서는 여러 가지로 생각을 해야 한다. 다른 그림을 그려서 넘어간 부분을 티 안 나게 하거나, 선을 옮겨 그리거나 흰색 크레파스로 문질려서 번지기도 한다. 그러는 사이에 문제해결력이 길러지고, 다음 페이지는 신중하게 색칠하게 된다.

먼저 디지털 교육을 시작한 나라들이 점점 아날로그로 돌아가는 모습을 보며, 아날로그의 힘에 대해 더욱 확신하게 되었다. 기다리는 아이들의 손에 스마트 기기가 아닌 크레파스가 있길 기대한다.

PART 2

육아 정보에
휘둘리지 않으려면

육아 정보의 홍수 시대

　금쪽 처방을 기다리는 애청자들이 많다. 그뿐만 아니라 교육 방송, 유튜브, 육아 전문 채널, 육아 전문가의 개인 방송에서 다양한 육아 정보를 얻을 수 있다. 유명인의 가족이 나오는 예능 프로그램에는 자녀의 상담센터 방문 레퍼토리가 자주 등장한다. 상담 문의를 받을 때 "금쪽같은 내 새끼 몇 화에 나오는 아이와 비슷해요"라는 말을 듣기도 하고, 방송에 나온 심리검사 장면을 사진으로 찍어 "우리 아이도 이 검사 해주세요"라고 요청하기도 한다.

　육아 정보가 넘쳐나면 좋은 점이 있다. 육아가 어려울 때

도움을 받을 수 있다. 또 아이에게 힘듦이 보일 때 바로바로 검색해 여러 전문가의 의견을 알 수 있다. 다른 사람들은 아이를 어떻게 키웠는지 보면서 참고가 되기도 한다. 다양한 육아 정보는 아이를 키우는 데 든든함을 주기도 하고, 불안할 때 힘이 되기도 한다. 물론 안 좋은 점도 있다. 정보가 많아지니 육아 정보의 홍수 속에서 부모들이 혼란스러워한다. 부정적 감정 소모가 크고, 정보를 엉뚱한 곳에 사용하기도 한다.

"기저귀를 떼는 문제로 전문가 두 분이 상반된 의견을 말해서 누구의 말을 따라야 할지 모르겠어요."

"어제 방송에 나온 아이를 보는데 속이 부글부글해서 기분이 나쁘더라고요."

"그 부모는 애를 왜 그렇게 키우는지 모르겠어요."

"옆집 아이가 ADHD 같아요."

아동심리 전문가로서 육아 관련 방송을 보는 부모님께 다음 4가지를 부탁하고 싶다.

첫 번째는, 조금은 너그러운 시선으로 시청하길 부탁한다. 전국에 얼굴이 알려지고 우리 집이 공개되는 것은 정말 큰 결심을 하고 촬영에 임하는 것이다. 누구도 아이가 금쪽이가 되길 원하지 않는다. 그들의 힘듦과 어려움을 마주할 너그러움이 없다면 보지 않는 쪽을 택하는 것이 낫다고 생각한다.

두 번째는 평가하지 않았으면 좋겠다. 그리고 평가의 말을 남기지 않았으면 좋겠다. '부모의 양육에 대한 지적', '아이에 대한 부정적인 말', '때리면 해결된다는 기승전 매' 등의 말을 남기지 말자. 안타까운 마음을 화로 표현하지 말자. 오늘은 어떤 놀라운 아이가 나올까 하는 이상해진 기대감도 안타깝다. 응원의 말을 할 것이 아니라면 그냥 보자.

세 번째 부탁은 방송에 나온 처방을 우리 아이에게 그대로 적용하지 말자는 것이다. 분명 처방은 방송에 나온 아이와 가정에 큰 도움이 된다. 하지만 그 아이와 가정을 위한 처방이지 우리 아이와 우리 가정을 위한 처방이 아니다. 처방을 무분별하게 따라 해서 육아의 길이 산으로 가는 것이 안타깝다. 양육에 대한 도움을 받고 싶다면 내 아이를 본 전문가의 의견을 듣길 추천한다. 아동심리 전문가나 육아 상담 전문가의 조언을 받는 것이 좋은 방법이다. 우리 아이를 만나봤고, 우리 가정의 상황에 대해 상담했으니, 아이의 특성과 상황에 맞는 실질적인 조언을 얻을 수 있다. 같은 문제의 상반된 두 전문가의 의견은 잘 들어보면 결국 같은 의견인 경우도 있다. 또는 같은 문제를 질문한 두 명의 상황이 상반된 경우도 있다.

마지막 부탁은 방송을 보고 "어제 유튜브를 봤는데 우리 아이도 ADHD인 것 같아요", "저희 아이 반에 선택적 함구증이 있는 것 같아요"와 같은 식으로 아이와 주변 지인들을 스스로 진단하지 말자. 진단은 그렇게 쉽게 하는 것이 아니다.

  우리 모두 아이를 잘 기르고 싶다. 정보의 홍수에서 길을 잃지 않고, 적합한 육아 방식을 찾을 수 있어야 한다. 디지털 시대에 육아 정보가 많다는 것은 선택할 수 있다는 것이다. 맞는 정보를 잘 선택하려면, 육아 정보를 보고 아이를 이해하기보다는 아이를 보고 이해해야 한다. 아이와 눈을 맞추고 마음을 맞추자. 다양한 놀이를 하고, 오랜 시간 대화를 하면서 아이를 봐야 한다. 집에서도 보고, 밖에서도 봐야 한다. 의견을 말하는 모습, 갈등을 만나는 모습, 친구들과 노는 모습, 낯선 장소에서 적응하느라 애쓰는 모습, 하기 싫은 것을 참고 하는 모습, 기분 좋게 노래를 흥얼거리는 모습, 씩씩대고 산을 오르는 모습, 동생과 싸우는 모습, 신중하게 과자를 고르는 모습, 혼자 신발을 신으려고 연습하는 모습들을 봐야 한다. 그 후에 정보를 찾아봤으면 좋겠다. 육아 정보가 넘치는 세상이라, 아이보다 정보가 앞설 수 있다. 아이보다 정보가 앞서면, 넘치는 정보로 부모와 아이들이 고생한다. 우리 아이에게 좋은 정보, 우리 가정에 맞는 정보를 잘 고르는 눈은 결국 아이와의 관계에 집중하는 부모에게 생긴다.

정보가 과도해서 오는
불안 해결법

 상담센터에서 양육 상담을 하다 보면 불안한 부모를 많이 만난다. 육아에 관한 부모교육 강의, 유튜브, 육아서 등 넘쳐나는 육아 정보를 매일같이 마주하고 있지만, 불안은 줄어들지 않는다. 개인적으로 판단하자면 정보가 과해서 오는 불안으로 보인다. 정보를 얻을 수 있는 곳도 많고, 정보도 많다. 그렇게 수집된 정보를 긍정적으로 사용해야 하는데, 오히려 도움은커녕 불안과 걱정이 되어 돌아온다. 적당히 넘어가야 할 것들도 며칠 동안 검색을 하면서 불안을 키워가는 것을 볼 때면 마음이 아프다.

육아 정보의 홍수 속에서 만난 3가지 유형의 부모가 있다.

먼저, 발달이 느린 자녀를 양육하며 불안한 부모 유형이다. 여기서 말하는 발달이 느리다는 것은 진단을 받은 것이 아닌 단순히 발달 속도가 느림을 말한다.

말이 조금 느린 아이가 있다고 하자. 놀이터나 키즈카페에서 비슷한 나이의 아이들이 조잘대며 대화하는 것을 보고 깜짝 놀란다. 우리 아이와 차이가 크게 나는 것을 느낀 것이다. 평소에 말이 조금 느리다고는 느꼈지만, 현실에서 확 다가오는 경험을 하면 밤잠을 이루기 어렵다. 스마트폰으로 이것저것 검색을 하다 맘 카페에 글을 남긴다. 늦은 시간이지만 계속 댓글이 달린다.

"5살인데 말이 조금 느려요. 언어치료 받아야 할까요?"

"조카가 말이 느려서 걱정을 많이 했는데, 때 되니까 알아서 하더라고요. 걱정하지 마세요."

"제가 아는 아이는 때 되면 알아서 하겠지 하고 기다렸는데 결국 언어치료 받고 있어요. 빨리 시작할 걸 후회하고 있어요."

댓글을 읽으면서 안심되었다가, 불안해지기를 반복한다. 새벽까지 다른 사람의 댓글을 확인하면서 일희일비한다. 주변 사람들한테도 말 트임에 대해 질문한다. 며칠 동안 안심을 주는 대답과 불안을 주는 대답들로 신경이 쓰인다. 그러다 우리 아이보다 어린 친구가 조잘대며 말하는 모습을 보고 불안과 걱정의 눈물이 터진다.

맘 카페와 주변 사람들의 조언은 중요하지 않다. 우리 아이를 모르는 사람들의 조언이기 때문이다. 또 그들은 언어발달에 대한 전문가가 아니다. 말이 느리다는 것은 다양하게 이해해야 한다. 언어발달은 수용언어(알아듣는 정도)와 표현언어(말하는 정도), 조음(발음), 비언어적인 요소(표정, 몸짓 등)를 종합적으로 봐야 한다.

이런 불안에는 현재의 어려움을 의논하고, 해결해 갈 만한 사람을 찾는 것이 좋다. 언어가 느리다면 담임 선생님의 의견을 들어보자. 또래와 얼마나 차이가 나는지 객관적으로 들을 수 있다. 그리고 언어발달 전문가를 찾아가야 한다. 아이와 함께 찾아가서 조언을 구하는 것이 가장 현명한 방법이다. 우리 아이를 보고, 평가해본 전문가가 적절한 해결 방법을 제시할 수 있다. 여기저기 잘 모르는 사람들한테 물어보면 에너지 소모만 크다. 당장은 뭔가 도움이 되는 것 같지만 소진된다. 소모와 소진은 나와 아이에게 아무런 도움이 되지 않는다. 전문기관을 찾고, 우리 아이에 맞는 도움을 구하자.

두 번째로 불안한 부모의 유형은 주변에 발달이 빠른 친구들이 있는 경우다. 비교하지 말아야지 하면서도 나도 모르게 비교하게 된다.

"5살인데 한글을 줄줄 읽고, 수학 학습지를 척척 풀어요."

"6살인데 영어로 대화하고, 한자도 써요."

"7살인데 혼자 책 읽고, 줄넘기를 100개씩 하고, 피아노 연주회도 해요."

주변에 발달이 빠른 친구 한두 명이 있으면 '나도 아이를 가르쳐볼까, 학원을 알아볼까' 하는 마음이 들면서 흔들린다. 우리 아이는 학습에 큰 관심이 없고, 만날 때마다 남의 아이는 공부를 하고 있다. 사실 주변에 이런 친구들을 보기 전까지는 부모는 학습에 대해 큰 관심이 없었다. 아이가 관심 있고, 배우고 싶다고 하면, 그때 사교육을 시작하려고 했다. 그런데 다른 집 빠른 아이들을 만나면 '우리 아이만 뒤처지는 걸까' 하는 마음이 떠나질 않는다. 이런 마음이 들면 며칠 동안 이것저것 알아본다. 인터넷을 뒤지고, 알음알음 어느 선생님이 좋은지, 어느 학원이 잘 가르치는지, 남들은 뭘 가르치는지 알아본다. 정보를 습득하기 좋은 세상이기에 어렵지 않다. 좋다는 수업을 찾고, 예약하고, 시범수업을 들어본다. 그리고 점점 아이에게 배워보자는 말을 많이 하게 된다. 인터넷을 보니 우리 아이 나이에 아무것도 안 하고, 유치원만 다니는 집이 없는 것 같다.

　이런 경우 계속 불안하다면 빠른 아이의 부모님과 거리 두기를 해야 한다. 불안한 부모의 마음은 아이에게 고스란히 전달된다. 아이의 속도를 존중하고 조급한 마음이 들지 않는 사람을 만나야 한다. 흔들리는 마음을 다잡고, 예전의 나의 육아 방법과 맞은 사람들을 만나 지지를 받아야 한다. 옆집 아이, 인터넷에 나온 아이들의 빠름을 바라보지 말고, 우리 아이의 속도를 바라보자.

　세 번째로 불안하고 예민한 기질의 부모 유형이다. 평소에는 상관이 없는데 어떤 문제가 생겼을 때 크게 반응한다. 예를 들면, 유치원에서 아이가 친구와 다툼이 있었다고 연락을 받았다. 또래 아이들 사이에서 벌어질 수 있는 흔한 의견 충돌이었고, 선생님의 중재로 잘 해결되었다고 했다. 그렇다면 넘어가면 된다. 그런데 나의 예민한 기질에 문제가 얹어지면 과민반응을 하게 된다. 아이에게 그날의 사건에 대해 자세히 묻는다. 그러고는 앞으로 이런 일이 벌어지지 않도록 신신당부를 한다. 한 번만 말하지 않는다. 반복적으로 계속 말한다. 아이는 처음에는 듣지만, 점점 시큰둥하게 듣는다. 그러면 부모는 더 크게 이야기하고 또 이야기한다. 이유는 내가 불안해서이다. 작은 일 하나하나 일상에서 반복적으로 이런 대화가 오가게 된다. 아이는 시큰둥하게 듣고, 부모는 화를 낸다. 아이는 부모가 왜 화가 났는지 이유를 모른다. 넘어가는 연습, 과민함을 다스리는 마음의 조절이 필요하다.

불안에서 빠져나갈 방법 찾기

만약 아이가 다니는 학원에서 이런 전화를 받았다고 하자.
"오늘 태권도장에서 많이 뛰어다녔어요. 잘 때 다리 아프다고 할지 몰라서 연락드려요."
부모는 왜 뛴 것인지, 너만 뛴 것인지, 뛰어서 관장님께 혼이 났는지 계속 묻는다. 아이는 부모의 질문에 취조당하는 느낌이 들고 짜증이 난다. 이런 분들은 아이를 양육하면서 생각의 꼬리, 걱정의 꼬리를 얼른 자르도록 연습해야 한다. 꼬리에 꼬리를 무는 걱정으로 아이에게 계속 묻는 것이다. 그냥 지나가도 되는 일상들은 그냥 흘러가게 두어야 한다.
"이것은 큰 문제가 아니고, 다리가 아플 수 있다는 전화를 받았으니 다리가 아픈지 확인하면 된다."
"뛰어도 되는 상황이었는지 확인하고 싶다면 아이가 아닌 태권도장에 문의를 해봐야겠다."
의식적으로 이렇게 생각해야 한다. 그리고 불안하지 않을 때 꼭 해야 할 일이 있다. 내가 불안할 때 어떻게 하면 꼬리에 꼬리를 무는 걱정의 생각을 자르고, 안정적인 생각의 궤도로 돌아오는지 방법을 찾아야 한다. 명상을 해야 하는지, 운동을 해야 하는지, 음악을 들어야 하는지 돌아보자. 평소에 힘이 되는 영상을 찾아 두는 것도 좋다. 온갖 방법을 동원해 나 자신을 불안에서 빠져나가게 할 방법을 찾아 놓아야 한다. 육아는 언제 어떤 상황이 생길지 모른다. 아이는 매일매일 성장하고, 성장의 폭은 들쑥날쑥하기에 한결같지 않다. 변화하고, 새로운 상황들이 생길 때마다 불안에 휩쓸려 아이에게 과민반응을 할 수 있다. 부모는 단단해지고, 뚝심이 있어야 문제가 생겼을 때 의연하고, 안정적으로 해결할 수 있다. 내가 단단해질 수 있는 정보를 수집해야 한다. 그리고 일상에서 나의 단단함과 뚝심을 위해 꼭 연습하고 실천해야 한다. 태권도장에서 또 전화가 왔다.

"오늘도 태권도장을 많이 뛰어다녔어요. 잘 때 다리 아프다고 할지 몰라서 연락드려요."

'아이에게 지난번 같이 질문 공세를 하면서 과민반응을 하지 않으려면 확인해야지' 의식적으로 한 다짐을 상기시킨다. 뛰어도 되는 상황이었는지, 혹시 가정에서 뛰지 말라는 교육이 필요한 것인지 질문한다. 뛰는 활동이었는데, 아주 열심히 뛰었다는 답을 들었다. 아이에게 뛰는 활동을 열심히 한 것에 대한 격려와 칭찬을 하고, 다리가 아픈지 확인하면 된다. 불안으로 경험했던 상황을 편안함으로 대처한 자신을 칭찬하자. 조금씩 조금씩 불안에서 빠져나가게 될 것이다. 부모가 불안에서 빠져나가는 것을 가장 먼저 아이들이 느낀다. 아이가 부모에게서 안정감을 느낄 수 있도록 연습하자.

육아서를 고르는 기준

 인터넷 서점에서도 구매할 수 있지만 종이책을 만지는 느낌이 좋아서 서점으로 향한다. 아이에게 책을 사는 경험을 주기 위해 일부러 서점을 찾는 것이기도 하다. 아이들은 학습만화, 캐릭터 북, 스티커 북 등을 살핀다. 그리고 보통 엄마들은 육아서, 문제집, 동화책이 있는 곳에 머무른다. 그중 육아서는 갈 때마다 신간이 보이는 듯하다. 다양한 분야의 전문가들이 쓴 '이렇게 길러라' 하는 책이 넘쳐나고 있다.

 특히 현직 초등학교 선생님, 전직 초등학교 선생님들의 책이 눈에 띄게 많아졌다. 다년간 학교에서 아이들을 가르치면서 잘 크는 아이들의 특징을 알려준다. 일상생활, 학습 태도, 친구 관계, 학업 등에 관한 내용이다. 소아과 선생님과 한의사 선생님들이 쓰는 아이들의 건강에 관련된 책들도 있다. 아토피, 비염, 시력 저하, 거북목 증상 같은 요즘 아이들이 겪는 신체의 어려움에 도움을 줄 수 있는 운동, 식이요법, 자세 등에 대한 내용이다. 정서의 안정, 아이들의 마음, 엄마의 마음에 관련하여 심리상담 선생님들이 집필한 책들도 있다.

내용별로 보면 기질, 자존감, 회복탄력성, 애착 등의 심리에 관련된 주제가 오랫동안 계속 나오는 주제이다. 엄마의 말에 관련된 책이 유행한 적도 있었고, 문해력이라는 키워드가 자주 등장하기도 한다. 영어, 논술, 독서, 글쓰기 책은 끊임없이 나오고 있다. 엄마표 영어, 엄마표 미술, 엄마표 글쓰기는 성공 사례와 함께 워크북도 함께 나오는 경우가 많다. 그 밖에 아들 육아, 딸 육아, 성교육, 아빠 육아 등 육아에 관련된 다양한 책이 쏟아진다.

육아서를 고르는 3가지 단계

"어떤 책을 읽어야 할까요?"
"누구 책을 읽어야 할까요?"

"육아서 추천해 주세요."

부모 상담을 하거나 부모교육 강의를 하면 꼭 듣는 요청이다. 육아 관련 정보가 넘쳐나고 있다. 유튜브, 육아서, 강연, 카드 뉴스뿐 아니라 TV 예능도 육아 관련 콘텐츠가 늘고 있다. 육아 정보 홍수의 시대에 바른 정보를 위해 육아서를 고르는 기준을 다음과 같이 정리해본다.

육아서를 추천하는 첫 번째 기준은 '자기 자신에게 이런 질문을 해보라'는 것이다. "육아서를 읽고 어떤 도움을 받길 원하는가?" 육아서를 찾는 분명한 목적이 있어야 한다는 것이다. 보통 육아서를 읽는 목적은 자녀를 기르는 데 도움을 받기 위해서다. 그렇다면 어떤 부분에 도움을 받고 싶은지 확실히 해야 한다. 옆집 엄마가 좋다고 해서 읽으면 감동한 문구에 밑줄 긋고 끝나는 경우가 많다. 적용되지 않는다. '언어발달 촉진', '기질 파악 및 이해', '습관 기르기', '안정 애착 관계 만들기', '학교생활 적응' 등 우리 아이에게 실제로 적용하여 도움을 받고 싶은 부분을 콕 찍어서 정하자.

두 번째로, 목적이 확실해지면 도움을 받고 싶은 부분이 자세히 나온 책을 선정한다. 예를 들면, '기질 파악 및 이해 그리고 기질별 육아 방법'이 책을 읽는 목적이라면 책 한 권 전체가 기질에 대한 이론, 기질 파악 기준, 기질별 육아 방법

등으로 쓰여 있어야 한다. 여러 가지 내용 중 기질이 한 챕터만 들어간 책이 아닌, 한 권 전체가 기질에 대한 내용으로 된 것을 추천한다. 적어도 목적이 있다면 한 조각으로 읽기보다는 한 판으로 읽자. 그래야 기질에 대한 전반적인 흐름이 이해된다. 기질에 대한 유명한 강의 중 1분 영상으로 줄인 유튜브를 보고 전부인 것처럼 이해하는 것은 위험하다. 한 권 전체로 3권 이상 읽기를 추천한다. 많은 분이 유튜브에서 유명한 몇몇 박사님들의 이야기가 서로 반대일 때가 있다고 질문하곤 한다. 아이가 떼를 부릴 때 여기에선 딱 끊으라고 하고, 저기에선 좀 들어주라고 하니 어찌해야 할지 모르겠다는 푸념도 들린다. 이건 5분짜리 짤이 아닌 전후 사정이 다 들어있는 전체로 이해해야 할 때가 있다. 결국 그 영상 속 박사님은 우리 집 사정과 우리 아이를 잘 모른다. 상황마다 다르기 때문에 나와 아이를 기르는 데 적용하기가 애매한 것이다. 그럴 때 그 박사님들이 왜 반대되는 이야기를 했는지 이해하고 헷갈리지 않으려면 내게 그 분야의 지식과 지혜가 있어야 한다. 그러니 한 조각으로 읽지 말고, 관련된 책을 적어도 3권 이상 읽어 보자. 그러면 어찌해야 할지 헷갈리는 부분이 줄어든다. 왜 다르게 이야기했는지 알 수 있기 때문이다. 인터넷에 떠다니는 1분 영상, 5분 영상으로 육아의 어려움을 해소하기에는 한계가 많다. 알고 싶은 분야의 목적을 확실히 하고, 전체를 큰 흐름으로 이해하고, 양육의 소신을 갖자.

마지막 세 번째, 도움받고 싶은 부분의 책을 선정할 때 작가가 누구인가를 고려하지 않을 수 없다. 학교생활에 대한 도움을 받고 싶으면 현직 초등학교 선생님이 쓴 책이 좋다. 언어발달 촉진에 도움을 받고 싶다면 언어치료사가 쓴 책이 도움이 될 것이다. 꼭 유명한 작가가 아니어도 된다. 서점에 가면 매대에 바로 보이는 유명한 분들의 책이 있다. 하지만 옆 서가에 유명한 작가는 아니지만 나에게 도움이 될 더 좋은 책들이 꽂혀있을 수도 있다. 그래서 직접 서점에 가서 꼼꼼히 살펴보길 권한다. 유명한 분이 쓴 책이지만 감동 받은 문구에 밑줄 긋고 사진 찍어서 SNS에 올리고 끝난 책은 아무런 의미가 없다. 실제적인 도움을 받을 수 있는 책을 찾고 적용할 수 있는 책을 선택해야 한다. 작가도 살펴보고, 목차도 보고 몇 장 읽어 보면서 나와 우리 가정에 필요한 말을 건네는 책을 선택하자.

이렇게 말하면 책 제목과 작가를 알려주지 않아서 실망하는 분들이 있다. 하지만 새로운 육아서는 계속 나오고, 지금 추천하는 책이 내년에는 도움이 안 될 수 있다. 20년 전에 나온 육아서에는 스마트폰 이야기가 없어서 지금의 현실과 맞지 않다. 세상은 변화하고, 그에 따른 아이들의 삶도 변한다. 그래서 기준을 제시한다. 남들이 좋다고 하는 책을 찾기보다는 내게 필요한 책을 찾아야 한다. 유명한 분이 쓰고, 광고도 많이 해서 휩쓸려 산 책보다는 두고두고 필요할 때마다 찾아보고 힘이 되는 책, 전에 밑줄 긋고 쓴 나의 메모를 보면서 힘을 낼 수 있는 책, 양육에 어려움이 있을 때 흔들리지 않고 기준을 잡을 수 있는 책으로 찾아보길 추천한다.

집 안에서 할 수 있는 역할을 주자

결혼하고 외국에 거주했을 때 겪은 경험담이다. 주말이 되면 남편과 함께 집에서 조금 먼 마트를 다녔다. 장을 보기 위함보다는 드라이브도 하고 데이트도 하기 위해서다. 마트를 가다 보면 방갈로라고 부르는 주택단지가 나온다. 주말이 되면 앞마당 잔디를 깎는 아이, 카펫에 먼지를 터는 아이, 세차하는 아이들을 쉽게 볼 수 있다. 남의 집에서 벌어지는 주말 아침 마당 풍경은 외국 생활의 또 다른 볼거리가 되기도 했다. 그런데 귀엽고 사랑스러운 아이들을 주말마다 보다 보니 약간의 이상한 점이 보였다. 멀리서 보면 귀엽고 사랑스러운

데 가까이에서 자세히 보면 힘이 달려서 잔디가 잘 안 깎인다. 아이는 열심히 카펫의 먼지를 털지만 잘 털리지 않는다. 세차라기보다는 차에 물을 뿌리는 정도다. 한마디로 나중에 어른이 다 다시 해야 한다. 그런데 거의 매주 한다.

"힘이 없으니까 잔디 깎기를 밀지 못하네. 지난주에도 하던데…."

"힘이 약하니까 먼지가 안 털려. 저번에도 그랬는데…."

"저렇게 세차하면 얼룩져서 안 한 것보다 더 지저분해져. 지난주도 하던데…."

몇 주를 지켜보던 남편이 한 말이다. 하지만 지나가면서 본 아이들의 부모는 한결같았다. 표정과 입 모양, 몸짓을 보면 운전을 하면서도 충분히 내용을 이해할 수 있었다. 매우 감격하는 표정과 감동의 말투, 아이들의 결과물에 깜짝 놀라는 몸짓으로 이렇게 말한다.

"고맙다."

"덕분에 마당이 깨끗해졌네."

"깔끔한 카펫을 밟게 해주어서 고맙다."

"이번 주도 세차를 해주어서 고맙다."

정확한 문장은 아니겠지만 대략 내용은 맞을 것이다. 아이들은 매주 한결같은 부모의 감격과 감동에 신이 나서 더 열심히 하겠노라고 말한다. 정말이지 드라마나 CF의 한 장면 같았다. 옆집 그 옆집도 비슷비슷했다.

한인사회로 돌아와 지인의 집에 가보면 아이들은 거의 소파에 앉아 있고, 엄마가 과일을 깎아서 내어준다. 다 먹은 접시도 엄마가 치우는 집이 많고 냉장고의 우유도 엄마가 따라서 주는 경우도 자주 봤다. 초등학교 고학년인데 라면을 끓이지 못해서 끓여달라고 한다. 물론 안 그런 집도 있었는데 대부분 집안일의 90%를 어른이 하고 있었다. 조금 더 솔직히 '엄마'가 하고 있었다.

집안일을 하는 아이가 행복하다

하버드 대학의 리처드 아이스 버드 교수는 어릴 때부터 집안일을 하는 아이들이 다른 사람의 상황과 감정에 공감하는 능력이 높다고 했다. 그리고 집안일을 하는 아이들이 그렇지 않은 아이들보다 행복하다고 보고했다. 미네소타 대학의 마틴로스만 교수의 연구에 의하면 3~4세 때부터 집안일을 하는 아이들이 책임감, 자신감 등이 높고, 10대가 되어 집안일을 접한 아이들보다 자립심과 책임감이 높게 나타난다고 했다.

초등학교 고학년이나 청소년기 자녀를 둔 부모님과 상담을 하다 보면 공통적인 내용이 있다.

"방 청소를 안 해요."

"벗은 옷은 세탁 바구니에 넣었으면 좋겠어요."

"밥을 차려주지 않으면 먹지를 않아요."

그렇다. 7세 때 주말마다 힘이 없어도 잔디를 깎아야 17살이 되어도 자연스럽게 잔디를 깎는 것이다. 6세에 주말마다 안 털리는 먼지를 털어야 16살이 되어도 당연히 주말이 되면 카펫을 턴다. 5세에 주말마다 자동차에 물을 뿌려야 15살이 되어도 세차를 하게 되는 것이다. 어릴 때는 다 해주면서 집안일은 어른의 몫으로 알고 성장하다가 10대 되어서 갑자기 어느 정도 컸다고 집안일을 분담하면 안 해본 일이라 안 하게 된다. 어릴 때 집안일의 역할이 없었다면 점점 집안일은 어색하고 낯설다. 그래서 어질러진 아이의 방 청소를 해주면서 화를 내고, 식사를 준비하는 일이 버거워진다. 나누어서 해야 할 일을 오랜 시간 엄마 혼자 하면 나타나는 현상이다.

아이가 집 안에서 할 수 있는 것들

5~7세 아이들은 미숙하지만 스스로 할 수 있는 것이 많아

지는 시기다. 집 안에서 할 수 있는 역할을 주자. 집안일 중 아이의 흥미를 고려하는 것이 중요한 포인트다. 예를 들어, 기기 사용을 좋아하는 아이라면 커피머신에서 아메리카노를 추출해서 아침에 부모에게 주기로 하자. 마실 때마다 감격과 고마움의 표현은 필수다. 시간이 지나면 아이스 아메리카노를 만드는 방법을 알려주자. 아이스 라떼도 좋다. 그러다 점점 아이스 바닐라 라떼로 메뉴가 발전한다.

요리에 흥미가 있는 아이라면 주말 아침 요거트와 시리얼, 잼과 버터, 토스트기에서 빵을 구워서 접시에 놓고 커피 한 잔 타는 것을 알려주면 좋다. 작은 접시에 방울토마토를 씻어 놓기, 바나나를 잘라 놓기, 올리브유와 발사믹 식초를 배합해 놓기 등은 5~7세가 할 수 있는 일이다. 주말 아침 아이가 차려주는 아침을 매주 먹으며 감동하자. 초등학교 고학년이 되면 아이가 만들어 주는 샌드위치를 먹을 수 있다.

세탁기나 건조기 등의 조작을 배우면서 빨래를 담당할 수도 있다. 재활용 버리기에 흥미가 있을 수도 있고, 편의점에서 과자를 사다 주는 역할을 좋아할 수도 있다.

가정 안에서 다른 가족에게 실질적인 도움이 되는 존재라는 것은 매우 중요하다. 실질적인 도움은 역할이 있어야 한다. 아이들이 하면 어설프고, 나중에 손이 더 가기도 한다. 식탁이 엉망이 되기도 하고, 쏟아서 닦을 일이 생기기도 한다. 이런 과정이 있어야 아이가 성장했을 때 아이의 무수리가 되지 않는다. 커피를 타다가 손을 데이면 어쩌나, 라면을 끓이다가 다치면 어쩌나 걱정이 될 수 있다. 천천히 다정하게 알려주자. 아이가 익숙해질 때까지 알려주면 된다. 나중에 방 청소를 하라고, 옷 좀 제자리에 갖다 놓으라고 화를 내기보다는 지금 힘을 내어 보자. 게다가 집안일이 아이의 책임감, 자존감, 공감, 자립심, 행복 등에 다 효과가 있다니 강력하게 추천한다.

실제로 일요일 아침 아이가 만들어 놓은 잼 바른 식빵을 먹으며, 커피 한잔 마시는데 행복했다는 부모님들이 (특히 엄마) 많았어요. 그 모습을 보며 아이도 행복했을 거예요. 집안일은 그렇게 행복하기 위해 같이 하는 것이라고 삶으로 알게 해주는 것이 중요해요. 집안일을 함께 하기에 5~7세는 딱 좋은 시기입니다.

삶의 기본은
부모가 가르쳐야 한다

　상담센터에는 대기실이 있다. 아이를 데려온 양육자가 각종 상담 및 치료에 들어간 아이를 기다리는 곳이다. 센터마다 조금씩 다르지만 대부분 아이를 기다리면서 차를 마실 수 있는 공간으로 꾸민다. 테이블과 의자가 있고, 각종 차와 커피가 놓여있다.
　어느 날, 그 공간이 너무도 특별하게 다가온 사건이 있었다. 언어발달이 느린 아이에 대한 고민으로 방문한 엄마와 아이가 있었다. 아이는 아기 때부터 말이 늦었다. 그러다 크면서 말은 곧잘 하게 되었는데 발음이 부정확했다. 유치원에서 친구들이 못 알아듣고 되묻는 상황이 자주 보여서 혹시 위축되지는 않는지, 화가 나지는 않는지 걱정이 된다고 하셨다. 센터에 들어오자마자 아이는 인사를 하고 자연스럽게 대기실 끝 커피가 있는 곳으로 향했다.

"엄마, 맥띰(맥심)? 브액(블랙)?"

"블랙으로 연하게 타 줘."

익숙함을 넘어 능숙하게 검정 봉지 커피를 뜯는다. 자세히 보니 커피를 다 넣지 않고 반만 넣었다. 커피포트였지만 조심조심 능숙하게 물을 부었다. 놀란 것은 커피를 탄 종이컵이 두 개 겹쳐져 있었다. 연하게 탄 블랙커피를 엄마 앞에 놓고, 옆에 앉았다. 엄마와 아이는 매우 자연스러웠지만 난 매우 놀라웠다. 놀람의 포인트는 여러 가지였다.

- 커피 타는 것이 아주 익숙한 점
- 연하게 타 달라는 엄마의 요청에 커피를 반만 넣은 점
- 커피포트 사용이 아주 능숙한 점
- 종이컵을 두 개 겹쳐서 뜨거워도 잘 옮긴 점
- 엄마가 전혀 도와주지 않고 앉아 계신 점
- 무엇보다 둘 다 너무 당연한 일상이었던 점

20년간 상담센터에서 일했지만, 이런 장면은 흔하지 않다. 그동안 봤던 흔한 장면은 "만지지 마, 엄마가 해줄게", "앉아서 기다려", "가만히 있어"라고 말하는 부모의 모습이다. 초등학교 고학년 친구들이나 청소년 친구들이 커피를 타는 모습은 있었지만, 유치원생은 처음이었다.

"커피 타는 모습이 아주 자연스럽네요."

"들어오면서 주전자에 물이 적은 거 확인했어요. 물이 그 정도 있으면 혼자 충분히 해요."

"한두 번 해본 솜씨가 아닌데요."

어릴 때부터 발달이 늦어 발달센터를 많이 다녔고, 커서는 발음 교정을 위해 언어치료센터를 많이 다녔다고 했다. 갈 때마다 대기실에서 조금씩 알려주고 연습하니 이젠 잘할 수 있게 된 것이다. 정수기를 사용하는 곳, 커피포트를 사용하는 곳, 커피 기계를 사용하는 곳, 진한 커피, 연한 커피, 녹차 등 상황과 장소마다 융통성 있게 잘할 수 있단다. 다른 일상도 거의 독립적이었다. 유치원생이 거의 스스로 하는 삶을 살고 있었다. 먹기, 입기, 씻기, 자기는 물론 부모님께 커피 타드리기, 토스트기에서 빵 굽기, 빨래 개어서 제자리 놓기 등 자립이 잘된 아이였다. 발음 때문에 친구들이 못 알아들으면 속은 상하지만 다시 잘 말해주면 된다고 또박또박 말했다. 엄마의 육아 방식에 칭찬이 저절로 나왔다.

"일상에서 유능감, 성취감, 책임감, 자존감 등이 잘 형성되고 있네요. 친구들에게 발음을 배우고 있다고 당당하게 밝히고 있는 것으로 보아 위축되거나 화가 나지 않아요. 걱정 안 해도 될 듯해요. 잘 크고 있습니다. 이리 잘 키우시느라 애쓰셨어요."

엄마는 눈물을 뚝뚝 흘리셨다. 사실 발음 빼고 못 하는 것이 없는 아이라고 하셨다. 그런데 가장 칭찬할 만한 것은 따로 있다. 바로 아이를 엄마가 키우고 있다는 것이다.

부모 상담을 해보면 기저귀 떼는 배변 훈련, 식사 태도, 인사하는 방법 등 인생을 살면서 익혀야 하는 것들의 주체가 부모가 아닌 다른 사람이 되어 가고 있다. 어린이집 선생님이 기저귀를 떼주어야 하고, 입속에 음식이 있을 때 말하면 안 된다는 식사 예절을 유치원 선생님께 배운다. 집에서 돌아다니면서 밥을 먹는다며 유치원 선생님께 지도를 부탁하기도 한다. 실상 유치원에서는 앉아서 밥을 잘 먹는데 말이다. 끝말잇기 같은 놀이를 스마트폰 영상으로 배우고, 차에서 움직이고 싶을 때 영상을 보여줘서 참는 힘을 기를 기회가 없다. 생활 속에서 자연스럽게 익혀야 하는 이런 것들은 가정에서 부모와 함께 시작해야 한다.

물론 다른 곳에서 배운다고 잘못되는 것은 아니다. 그런데 삶의 기본이 되는 것을 가정에서 부모와 함께 시작해야 더 커서 배워야 하는 것을 가르칠 수 있다. 유치원생 중에 교사의 말은 잘 듣는데, 부모 말을 안 듣는 경우를 자주 본다. 유치원에서 척척 하는 행동들을 집에서는 안 한다. 이유는 간단하다. 부모에게 배우지 않고 선생님께 배웠기 때문이다.

커피를 능숙하게 타는 친구는 자기 전에 양치하는 습관, 양말 개는 방법, 외투를 정리하는 방법, 신발을 혼자 신는 방법과 같이 작은 것 하나하나 부모에게 배웠다. 그러니 삶의 기본은 부모가 담당하길 부탁드린다.

5~7세 부모가
꼭 갖추어야 할 것

 "아침마다 아이에게 화를 내요. 돌아보면 그리 버럭 화낼 일은 아닌데 저도 모르게 버럭버럭 소리를 질러요."

 "밥 해먹이기가 힘들어요. 그래서 배달시키는데 왜 배달시킨 것도 먹이기 힘들까요?"

 "유치원 차를 자주 놓쳐요. 아이가 아니라 제가 못 일어나서 뭉그적대다가 놓쳐요."

 "소파에 누워서 스마트폰하고 아이는 TV를 봐요. 오늘 애 등원시키고, 하원시키고 집안일 조금 했는데 너무 피곤해요."

 "아이랑 놀기가 버거워요. 논다고 놀았는데 10분 정도 놀았어요."

부모와 육아 상담을 하다 보면 자주 듣는 힘든 점이다. 힘든 점을 다 듣고 나면 내가 생각하는 이상적인 육아 또는 하고 싶은 육아의 모양을 묻는다.

"어떤 육아를 하고 싶으세요?"

"어떤 부모가 되고 싶으세요?"

20년간 수많은 답을 들었고, 들은 답을 요약하면 다음과 같다.

아이에게 방긋 웃으면서 모닝 인사를 해주는 육아, 갈등 상황에서 따뜻하고 단호하게 가르치는 육아, 규모 있는 일상과 쉼, 일을 구분하는 육아, 함께 놀 때 즐겁고 각자 자신의 일을 할 때는 독립된 육아를 원하고 있었다.

"왜 이런 육아가 이상향에만 있다고 생각하세요? 왜 원하는 육아를 못 하고 마음에 안 드는 육아를 하고 있을까요?"

"제 성격이 워낙 무뚝뚝해서요", "제가 성격이 급하고 빨리빨리 해결돼야 마음이 편해요", "MBTI에서 마지막이 P라, 원래도 즉흥적인 편인데 아이까지 키우니까 정신이 더 없어요", "솔직히 애랑 노는 게 귀찮고 재미없어요"라는 답을 들었다.

육아는 부모의 특성, 아이의 특성, 가정환경, 가족 구성원의 특성 등에 따라 천차만별이지만 이 고민을 해결하는 데 필요한 것은 의외로 체력이다. 심리 정서적 어려움이 없다면, 체력에 관련된 힘듦이었다. 아이에게 방긋 웃으면서 모닝 인사를 해줄 수 있는 것은 인격보다는 체력이 먼저다. 일찍 자고 일찍 일어나야 한다. 일찍 일어나야 아침 시간이 급하지 않다. 아침 시간이 급하면 조급해지고, 자동으로 화를 내게 되어 있다.

갈등 상황에서 따뜻하게 아이의 마음을 알아주고, 되는 것과 안 되는 것을 단호하게 가르치려면 육아서를 읽고 방법을 익히는 것보다 지금, 이 순간 화를 내지 않고, 아이를 살피면서 해결하는 데 집중할 힘이 있어야 한다. 체력을 기르지 않으면 이런 순간에 감정적으로 해결하게 된다.

일상과 쉼의 구분은 필수다. 체력이 있어야 일상을 살아내고, 쉼을 구분 지을 수 있다. 체력이 약하면 일상을 살아내다가 피로감이 빨리 찾아와서 쉬게 된다. 결국 일상과 쉼의 구분이 없이 매일 피곤하다. 아이와 노는 일은 정말 체력이 중요하다. 몸 놀이를 위해서가 아니라 앉아서 인형 놀이나 자동차 놀이를 하더라도 아이와 마주하고 상호작용하는 마음을 내기 위해서는 정말 많은 힘이 필요하다.

5~7세 부모님들께 가장 많이 권고하는 것은 체력 관리다.

그리고 그 체력을 유지하고 육아를 하려면 지구력이 있어야 한다. 스마트폰을 내려놓고 불을 끄자. 일찍 자야 내일 원하는 좋은 부모의 모습으로 아이를 마주할 수 있다. 좋은 것과 필요한 영양소를 규칙적으로 먹자. 시간을 내어 운동하기 힘들다면 매일매일 걷자.

미취학 시기에 중요한 3가지

"운동 좋아하고 에너지도 많아서 스포츠 중심 유치원을 선택했어요. 그런데 딱 한 달 지났는데 아침마다 안 가겠다고 울어요. 운동도 재밌고 선생님도 잘해주시고 친구들하고도 잘 지내는데 왜 매일 안 가겠다고 하는지 모르겠어요."

경쟁이 치열해서 마치 서울대 합격처럼 좋아했지만, 지금은 아침마다 아이가 유치원에 가기 싫다고 울어대는 통에 다른 곳으로 옮겨야 하나 고민하는 부모가 찾아왔다. 부모님은 아이의 힘듦보다 도대체 왜 가기 싫어하는지 이유를 알고 싶어 했다. 다른 아이들은 즐겁게 축구도 하고 농구도 하고 수

영도 하는데 아침마다 가네 마네 하면서 우는 아이와 실랑이가 힘들어 상담센터에 방문한 것이다. 5~7세에는 이런 비슷한 이유를 가진 상담이 많다.

"유치원에 가기 싫어해요."

"어린이집에 가기 싫다고 해요."

"한글을 배우기 싫어해요."

"아이가 좋다고 해서 시작한 학습지인데 이제는 싫대요."

5~7세가 되면 어린이집에서 유치원으로 옮기는 분이 많다. 유치원 선택을 마치 대학을 선택하는 것처럼 고민한다. 기관마다 특화된 프로그램이 다르기 때문이다. 한글과 수, 한자 등의 학습이 특화된 기관, 영어가 특화된 기관, 운동이 특화된 기관, 미술교육이 특화된 기관 등 어떤 영역이 특화된 기관들이 있다. 아이들이 평소 좋아하는 영역이 두드러질 때 선택하거나 부모님의 교육관과 맞을 때 이러한 기관들을 선택하게 된다.

그리고 이 시기에 여러 가지 사교육에 관심을 갖는 부모님이 많다. 이유는 간단하다. 주변에서 하나둘 시작하기 때문이다. 한글과 수, 한자, 영어, 사고력 인지 프로그램, 태권도, 미술, 피아노 등의 교육이 슬슬 시작된다. 교육에 큰 관심이 없다가도 어느 날 옆집 아이가 한글을 읽으면 마음이 조급해진다. TV나 유튜브에 우리 아이와 비슷한 또래의 아이가 영어를 하면 갑자기 영어 학원을 알아본다.

서두에 등장한 부모님은 아이의 관심사가 운동에 있었고 에너지도 많아서 스포츠형 유치원이 딱이라고 철석같이 믿고 입학시켰다. 아이의 말대로 운동은 너무 재미있었고 선생님과 친구들과도 특별한 문제가 없었다. 그런데 아이를 상담하면서 알게 되었다. 아이가 힘든 부분이 어떤 영역인지 알겠는데 아이는 5세의 말로 딱 설명하기 어려워서 등원을 거부한 것이었다.

좋아하는 것과 관심 있는 것 구별하기

주변을 둘러보면 스포츠형 유치원에 보내려는 아이 열 명 중 여덟 아홉은 비글미가 넘치고 에너지가 많고 목소리도 크고 활동적이다. 넘치는 에너지를 운동으로 풀고 오라는 마음에 선택하신 분이 많다. 그런데 이 친구는 운동을 좋아하고 운동을 잘 아는 아이에 가깝다. 각종 운동의 규칙을 어른 수준으로 알고 있었고, 그 규칙들을 지키면서 경기를 하고 싶어 했다. 골을 넣는 것이 중요한 것이 아니라 패스 동선, 오프사이드, 파울 라인 등을 지키며 경기를 하고 싶어 했다. 그런데 다른 아이들은 '뛰고 차고 넣기'만 하려고 한다는 것이다. 물론 그러다가 점점 규칙을 알게 되고 지켜나가는 것일 텐데 아이는 이게 아니라고 친구들에게 설명하고 싶어 했다.

또 워낙 활동적인 아이들이라 줄 서고 기다리는 시간에 티격태격 장난을 치는 아이들이 많았는데 그것도 아이에겐 스트레스였다. 운동을 좋아하고 신체 에너지가 높았지만, 내면은 섬세하고 민감한 아이였다. 운동을 좋아하고 잘하는 내향적인 아이가 규칙보다는 즐겁게 마구마구 공을 차는 아이들 사이에서 조금씩 지치고 있었다. 결국 우리 아이에게 딱 맞는다고 확신한 유치원을 떠났다. 집에서 가까운 원을 선택했고 하원 후 요일별로 축구교실, 농구교실을 다녔다. 소규모로 규칙을 배우고 지키는 경기를 해보면서 만족도는 쑥 올라갔다.

유치원이나 학원, 다른 교육기관을 선택할 때 아이가 좋아하는 것과 관심 있는 것을 선택하는 분들이 많다. 그런데 그전에 아이가 어려워하는 것, 힘들어하는 것을 먼저 제거해야 한다. 유치원을 선택할 때 좋아하는 운동만 생각했지, 힘들어하는 '시끌시끌'은 고려하지 않은 것이었다. 예를 들면, 미술을 좋아하는데 차량 동선이 30분이다. 아이가 평소에 차 타기를 너무 싫어한다면 미술을 좋아하더라도 선택지에서 빼야 한다. 그런데도 선택하면 갈 때마다 미술 학원이 싫어서가 아니라 차를 타기 싫어서 실랑이가 벌어진다.

미취학 시기에 중요한 3가지

미취학 시기에 중요한 것은 다음의 3가지다.

첫째, 유치원에서 뭔가 대단한 것을 배우길 기대하는 마음을 내려놓아야 한다. 아침마다 스스로 준비하고, 기대하는 마음으로 문밖을 나가는 과정을 경험하는 것이 가장 중요한 목표다. 아침마다 가기 싫어서 엄마가 준비시켜 주면 억지로 가고, 늦는다고 혼나면서 가는 것은 아이의 삶에 아무런 도움이 되지 않는다. 스스로 준비하고 즐겁게 외출하는 사회생활을 시작하게 도와주자. 지금의 등원 준비 분위기가 앞으로 등교하고 출근하는 사회생활의 기본값이 된다. 기본값이 매일 허둥지둥 급하게 재촉하면서 나가기, 가기 싫은 아이를 어르고 달래서 나가기, 잦은 지각으로 혼나면서 나가는 것이 된다면 너무나 안타깝다. 아침에 일어나서 스스로 준비하고, 여유 있게 등원하는 일상을 기본값으로 만들자.

둘째, 5~7세 시기는 본격적으로 사회생활을 경험한다. 아이의 성향과 기질을 존중해주길 바란다. 아이가 너무 내향적이라 바꾸어 보려고 활동이 많은 유치원에 보냈다는 말을 종종 듣는다. 내향적인 것보다는 외향적인 것이 좋고, 그래서 성격을 바꾸려는 것은 부모님의 의지이지 아이의 의지가 아니다. 아이가 태어난 그대로 존중받으면서 사회생활을 시작하도록 도와주자. 고작 5~7세가 맞지 않는 옷을 입고 허덕이게 하는 것이 부모라는 사실에 마음이 아프다. 그것이 아이에게 도움이 될 것이라는 선한 뜻이라는 것을 알기에 더 마음이 아프다.

셋째, 학원, 학습지 등 교육기관을 알아볼 때 아이를 잘 보자. 무엇을 어려워하는지 무엇을 좋아하는지. 그리고 좋아한다면 얼마큼 어떻게 좋아하는지 살펴보자. 예를 들어, 한글을 쓰고 한자를 쓰는 학습적인 활동을 좋아해서 교육 활동이 많은 원에 보냈는데 매일 공부하기 싫다고 한다. 아이가 한글, 한자를 좋아하는 것은 맞지만 받아쓰기, 퀴즈, 한자 급수 테스트는 허덕였다. 현재 교육의 양이 무리였다. 라면을 좋아하지만, 일주일에 한 번 먹을 만큼만 좋아하는데 부모님이 매일 라면을 주시는 것과 같다. 사교육은 매일 가는 유치원, 어린이집을 잘 다니면 그때 생각해보자. 옆집 아이와의 비교로 시작하기보단 아이의 관심과 분량을 고려해야 한다.

현대 육아 환경의 특징은 아이보다 중요한 것이 많다. 다른 사람의 의견과 정보는 중요하다. 하지만 더 중요한 것은 아이의 속도와 성향이다. 내 아이를 보자.

PART 3

초등 입학 전
챙겨야 할 것들

초등 입학 전
'관계'가 전부다

사춘기 자녀를 둔 부모님과 상담을 했다. 여러 가지 어려움 중 아이와의 관계가 힘들다고 이야기하셨다. 최근 3개월간 딸은 방문을 닫고 나오지 않거나 카톡을 보내면 단답형으로 대답하고, 같이 놀러 가자고 하면 별 반응이 없다. 얼굴을 마주 보고 대화다운 대화를 한 지가 언젠지 가물가물하다. 그래서 아이와 점점 멀어지는 것이 걱정되어 진지하게 속마음을 전했다고 했다.

"엄마는 사실 딸이랑 이렇게 눈 마주 보면서 얘기하고 싶어. 요즘 어떻게 지내는지, 학교에서 뭐 하고 있는지 궁금해. 방에만 있지 말고 거실에 나와서 커피 한잔하면서 수다도 떨고 싶고, 같이 쇼핑도 하고 싶어."

어렵고 어색하게 마음을 전했는데, 약간의 정적이 흐르고 돌아오는 답은 딱 두 마디였다.

"나는 싫은데, 할 말 없는데?"

아이의 짧은 대답에 무안하고 실망해서 어찌해야 할지 모르고 있을 때 아이는 따지듯이 말을 이어갔다.

"(내가 유치원 다닐 때 엄마랑 놀고 싶어서 엄마 부르면) 피곤하니까 들어가서 동생하고 좀 놀아. (만들기 한 거 자랑하려고 내밀면 영혼 없이) 잘 만들었네. 근데 이제 만들기 그만하고 책 좀 읽어. 들어가서 책 읽어라. 들어가서 동생이랑 놀아라. 들어가서 숙제해라. 그래서 지금 방에 들어가서 안 나오는데 왜 자꾸 나오라는 거야?"

아이의 이야기를 들으면서 엄마는 마음이 쿵 내려앉았다. 다 사실이기 때문이다. 기억을 더듬어 보면 퇴근하고 몸도 힘들고, 집에 오면 집안일도 해야 하니까 아이들의 부름이 귀찮기도 하고, 힘들기도 했다. 미안하지만 들어가서 놀아라, 들어가서 책 읽어라, 들어가서 방 정리하라고 말하면서 나에게 오지 않았으면 했다고 한다.

엄마는 "그때 우리가 잘 얘기했다면 지금 이런 관계가 아니었을까요?"라고 질문하면서 후회하셨다. 알 수 없지만, 안타까웠다. 나는 부모님들께 자녀가 사춘기가 되기 전에 다음의 3가지를 준비하자고 당부한다. 초등학교 가기 전에 준비가 되어야 사춘기까지 이어진다. 그러니 초등학생이 되기 전에 준비해야 한다.

미취학 시기에 준비해야 할 3가지

가장 먼저 준비할 것은 당연하게 하는 친밀감의 표현이다. '등교 전 현관에서 가볍게 안기 또는 하이 파이브 하기, 외출 후 들어올 때 악수하기'와 같이 고정적인 친밀감의 표현을 습관처럼 해야 한다. 숨 쉬듯이 당연하고 자연스럽게 해야 한다. 15년간 매일매일 하면 사춘기가 되어서도 그냥 한다. 사춘기가 되어 안아주거나, 등을 토닥토닥 해주려고 할 때 피하는 아이들이 있다. 싫다기보다는 어색해서 그렇다. 어릴 때부터 당연하고 자연스럽게 표현하면 사춘기에 안아줄 수 있고, 하이 파이브 할 수 있고 악수할 수 있다. 아이가 클수록 긍정적인 연결점이 필요하다. 초등학생이 되기 전부터 친밀의 표현을 습관처럼 준비하자.

두 번째로는 이중 메시지를 버리자. 아이들 상담을 해보면 은근히 이중 메시지를 쓰는 부모를 많이 만난다. 부모는 자신이 이중 메시지를 쓰는지 모른다. 예를 들어, 아이들이 자기의 할 일을 하고 정당하게 노는 시간이 있다. 가정 규칙에 따라 유튜브를 보거나, 스마트폰으로 게임을 하거나, TV를 보겠다고 요청한다. 그럴 때 탐탁지 않은 표정으로 틀어준다. 또는 약간의 핀잔을 하면서 틀어준다. 표정과 분위기는 싫어하지만, 행동은 틀어준다. 이것이 이중 메시지다. 부모의 진심은 표정인가 행동인가. 표정은 틀어주기 싫은 것 같은데 행동은 해주고 있다. 아이들은 눈치 보이고, TV를 보면서도 긴장한다. 정당하게 지금 TV를 봐도 되는 시간이라면 편안하고 즐겁게 보라고 인정해주어야 한다. 부모의 표정과 행동이 일치되는 경험이 쌓이고 쌓여서 사춘기 때 자녀와 신뢰 관계가 된다. 나의 표정과 말, 행동이 일치되고 있는지 점검하자.

세 번째는 안정적인 집 안 분위기이다. 집 분위기가 불편하고 긴장되면 사춘기 때 아이가 밖으로 나갈 확률이 높다. 아니면 문을 닫고 나오지 않는다. 예전에 봤던 어떤 드라마에서 아빠가 군인이었다. 밖에서는 군인이지만 집에 오면 아빠가 되어야 하는데 여전히 군인이었다. 집이 군대면 불편하고 긴장된다. 엄마가 밖에서는 선생님이지만 집에 오면 선생님이 아니라 엄마여야 한다. 우리 집의 분위기가 즐겁고 안정적이고 편안해야 아이들이 집에 있는다.

가족의 관계도 중요하다. 부부간의 분위기, 부모와 다른 자녀와의 관계, 형제자매 관계도 마찬가지다. 부부가 매일 서로 으르렁대고, 다른 자녀와 관계가 안 좋아 화를 내면 집 안에 불편한 정서가 굳어진다. 사춘기가 되었을 때 안 나가도 되는 상황인데 집에 있기 싫어서 나간다. 외출이 문제가 아니다. 집이 싫은 게 문제다. 부모님이 퇴근하고 오면 긴장되는 아이들이 있다. 또는 부모님이 부르면 싫은 아이들이 있다. 숙제는 했는지, 단어를 외웠는지, 학원에서 잘 했는지 확인을 하기 때문이다. 이런 시간이 유치원 때부터 초등학교 때까지 이어지면 어느 순간 문을 닫는다. 혼자만의 독립된 시간이 필요해서 문을 닫는 것은 사춘기에 당연한 모습이다. 그런데 부모님이 싫어서 문을 닫는 것은 문제다. 부모님과 집이 싫어서 밖으로 나가는 아이들이 꽤 많다. 따라서 우리 집의 분위기에 대해서 좀 살펴봐야 한다. 부모님과 집에 있어도 즐겁고 편안하고 안정감 있는 집 안 분위기를 만들어야 한다.

미취학 시기에 준비할 것들은 결국 '관계'다. 우리의 관계 속에서 아이가 성장한다. 간혹 아이의 사춘기가 두렵다고 이야기하는 부모님들을 만난다. 자녀의 사춘기에 친밀감도 유지하고, 신뢰 관계를 만드는 것은 초등학교 전부터 시작된다는 것을 기억하자.

반복적인 일상을
스스로 살아내는 힘

#창의력사고수학 #창의력중심교육 #창의력학습 #창의력교구 #창의력키우기

검색창에 '창의력'이라고 치면 나오는 연관 검색어들이다. 개인적인 생각으로 '창의력'이라는 단어가 붙으면 학원이나 학습지의 광고 효과가 더 큰 듯하다. 많은 부모가 어릴 때부터 아이의 창의력을 높이기 위해 수학, 논술, 미술, 글쓰기 등등 다양한 교육 영역으로 접근한다. 심지어 아동 상담을 하면 창의력에 도움이 되냐는 질문도 받아봤다.

부모 상담을 하다 보면 아이를 키우기 힘든 분들이 많다.

육아의 어려운 부분을 듣다 보면 놀랍게도 창의력이 없어야 겠다고 생각하게 된다. 일상은 창의력보다는 매일 정해진 대로 따르는 '단순 반복'이 대부분이다. 습관적으로 어제도 했고, 오늘도 하고, 내일도 해야 하는 것들에서 힘들다는 말을 듣는다.

"왜 아침마다 옷을 입으라고 따라다니면서 말해야 입을까요?"

"자기 전에 매일 하는 양치가 어려운가요?"

"못 일어나서 등원 차량을 자주 놓쳐요."

"하교 후 물병을 싱크대에 꺼내 놓으라고 매일 말하는데 안 해요."

"벗은 옷을 빨래 바구니에 넣으라고 유치원 때부터 말했는데 중학생이 되어도 안 하네요."

대부분 창의력이 필요 없는 단순 반복적인 일상에서 어려움이 많다고 토로한다. 매일 같은 시간에 등교하기 어렵고, 매일 같은 시간에 잠들기 어렵고, 양치, 숙제, 학원 시간 맞추기 등등 끊임없이 어려움이 생긴다. 그러다가 게임 시간, 스마트폰 시간을 지키기 어렵고, 청소년이 되면 귀가 시간을 지키지 않는다. 습관적으로 매일 해야 하는 일들이 안 되니 부모는 매일 똑같은 일로 화를 내고 아이와 씨름을 한다.

'어릴 때 창의 학습 교육이 아닌 창의적이지 않은 일상 교육에 더 힘을 쏟아야 했는데…'라는 마음이 든다. 다 그런 것은 아니지만 상담을 해보면 꽤 어릴 때부터 옷을 입혀주고, 양말을 신겨주고, 밥을 떠 먹여주었다. 이유는 각종 학습센터, 문화센터, 학원에 늦지 않기 위해서다. 어릴 때부터 각종 학원에 다녀 창의력과 학습 능력은 높은 수준인데 부모와의 관계는 계속 안 좋아진다. 부모는 늦는다고 준비를 재촉하고 아이는 안 하고 있기 때문이다. 그러다 초등학생이 되었다. 부모는 학교 후 물통을 싱크대에 꺼내 놓으라고 매일 말하는데 아이는 매일 꺼내 놓지 않는다. 슬슬 부모는 물통 때문에 매일 저녁 화가 나고, 아이는 부모의 화가 익숙해져 무섭지 않고 여전히 물통을 꺼내 놓지 않는다. 이런 순간이 하루에 여러 번 발생한다. 어떻게 해야 할까?

다시 일상 교육부터

방법은 딱 하나다. 처음부터 다시 일상 교육에 힘을 써야 한다. 문제는 아이가 가지고 있는 에너지에 한계가 있으니 일상 교육을 위해 다른 교육을 잠깐 중단해야 한다. 예를 들면 집에서 국어 학습지, 영어 방송 듣기, 논술 등의 학습을 하면서 동시에 일상생활의 습관화 교육을 하는 것은 어렵다. 부모 처지에서는 이런 건 당연하니 크게 힘들이지 않고 익힐 수 있으리라 생각하지만, 아이들 입장에서는 사는 방법을 싹 바꿔야 하는 큰 일이다. 마치 어느 날 갑자기 시부모님과 함께 살게 되어 삼시세끼 다른 반찬으로 밥상을 만들어 내야 하는 삶이 시작된 것과 같다. 문화센터에서 하는 취미활동, 아는 엄마들과의 브런치 모임, 독서 스터디 등 하던 것을 그대로 하면서 삼시세끼 밥상을 차리긴 힘들다. 잠시 중단해야 할 것이다. 이 문제로 상담했던 좋은 사례를 소개한다.

초등학교 고학년 친구였다. 어렸을 때부터 습관적인 일상이 힘들었고, 부모는 같은 일로 화내고 싸우기 싫어 다 해주는 것을 선택했다. 고학년이지만 등교 시 필통에 연필 깎아주기, 옷 입혀주기, 밥 먹여주기, 머리 감겨주기, 학교가 단지 옆에 있지만 차로 데려다주기 등의 도움을 주었다. 늦지 않으려면 어쩔 수 없었다. 단순 반복적인 일상은 다 부모의 도움이 필요했다. 부모는 아이가 또래보다 학습 능력이 뛰어나고, 각종 경시대회에서 상도 곧잘 받아오는 것으로 위안을 받았다. 문제는 다른 곳에서 터졌다. 언젠가부터 3~4교시만 되면 엄마에게 전화한다. 안 받으면 아빠한테 받을 때까지 전화한다. 이유는 조퇴를 시켜달라는 것이다. 배 아프다,

머리 아프다, 토할 것 같다 등 백 가지 이유로 조퇴를 원했다. 그렇게 아프다고 하니 조퇴를 하고 병원에 가려고 하는데 희한하게 교문만 나서면 멀쩡해졌다. 부모는 꾀병인지 꼼수인지 알아내려 상담센터에 방문했다. 아이를 상담해본 결과 원인은 '반복적인 학교 일상을 견디기 싫고, 수발 들어주는 엄마가 없어서 불편하다'는 것이었다. 부모에게 양육 코칭을 받고, 지금과 다른 육아를 하자고 했다.

부모에게 학원, 학습지를 잠시 쉬고 '온 힘을 다해 단순 반복적인 일상을 스스로 살아내기' 위한 연습을 해야 할 것 같다고 제안했다. 부모는 놀랍게도 상담사의 말을 쉽게 받아들였다. 경험상 이런 제안을 쉽게 받아들이는 부모는 많지 않다. 아니, 거의 없다.

학원, 학습지, 경시대회 준비를 중단하고 아침마다 스스로 옷 입기, 물통 넣기, 연필 깎기, 스스로 외출 준비하기, 걸어서 학교 가기 등 말도 안 되게 당연한 일상들을 연습했다. 말이 연습이지 아이는 훈련이라고 느꼈을 법했다. 아이는 힘들어했지만, 부모의 태도가 단호하니 투덜대면서도 꾸역꾸역 해내고 있었다. 그나마 견딜 수 있었던 이유는 학습, 과제, 경시대회 준비 등의 일과가 없었기 때문이다. 부모 역시 숙제 체크, 진도 체크, 학원 늦지 않게 보내기 등을 하지 않아도 되었기에 가능했다. 3~4개월이 지나자 놀랍게 수학 경시대회 상보다 혼자 준비해 지각하지 않고 등교를 한 날 더 큰 성취를 느꼈다. 부모님은 고학년씩이나 된 아이에게 스스로 옷 챙겨 입고, 씻고, 가방 챙겨 나간 것을 칭찬하며 '이게 뭐 하는 것인가' 하는 마음이 들었다고 했다. 이런 생활이 일상으로 자리 잡고 당연하게 되는 데 6개월 이상 걸렸다.

반복적인 일상을 스스로 살아내는 힘은 5~7세, 즉 유치원 다닐 때 익히기 딱 좋다. 저절로 되지 않는다. 부모가 일상에서 알려주고 돕고, 격려해줄 때 생기는 부분이다. 초등학생 이전에 이 부분이 잘 정착되면 초등학교에 입학해서 적응력이 매우 높아진다. 한글을 익히는 것보다 훨씬 중요하고 필요한 부분이다.

상담 사례 속 부모는 이 과정이 어찌나 힘들었는지 과거로 돌아가 아이를 다시 키운다면 3살 때부터 단순 반복적인 일상이 당연해지고 자연스러워지는 일에 중심을 둘 것이라고 했다. 반복적인 일상을 스스로 살아내는 힘이 먼저다.

'창의력 교육이 나쁘다'라는 점이 포인트가 아닙니다. 오해하지 않으셨으면 좋겠습니다. 창의력보다 우선되어야 하는 것이 바로 '반복적인 일상을 스스로 살아내는 힘'이라는 것을 강조하고 싶었습니다.

5~7세, '좋은 아침'을 만들어야 할 시기

"빨리빨리 먹어. 얼른 씻어. 씻으라고! 옷 입어, 옷 입어. 입어! 늦었어, 뛰어!"

아침마다 등원 전쟁을 치르는 분들이 많다. "헐레벌떡 허겁지겁 빨리빨리"라는 말로 아침을 채운다. 재촉하고, 화내고, 버럭 소리를 지르고 등원한다. 이렇게 보내는 것이 싫어 좋게 좋게 보내려고 노력하지만, 며칠 내로 다시 화를 낸다. 몇 달째 또는 몇 년째 아침마다 전쟁이다. 이런 문제는 5~7세에 해결하자. 등원 전쟁이 곧 등교 전쟁으로 이어진다. 지금 해결하면 초중고등학교까지 '좋은 아침'을 보낼 수 있다.

좋은 아침을 위해 신경 써야 할 3가지

좋은 아침을 위해서는 먼저 수면을 체크해야 한다. 얼마만큼 잤는가는 매우 중요하다. 잠이 충분치 않으면 아침에 잠이 잘 안 깨기 때문이다. 포인트는 바로 잠에서 완벽히 깨는 것이다. 일어나서 화장실도 다녀오고 왔다 갔다 하지만 실상 잠이 안 깬 아이들이 많다. 잠이 안 깬 아이들의 특징은 느리다는 것이다. 잠옷을 벗고, 외출복으로 갈아입는 데 30분이 걸린다. 그런 아이를 보며 엄마는 잔소리가 시작된다. "옷 벗어, 양말 신어, 바지 입어, 티 입어" 일일이 말해야 아이가 움직인다. 사실 한 동작당 5~6번은 반복해서 말해야 한다. 그러니 소리를 지를 수밖에 없다. 어제도 오늘도 내일도 같다. 옷 입을 때마다 화를 내게 된다. 옷 입는 당연한 동작이 안 되는 이유는 잠이 안 깼기 때문이다. 충분히 자고, 아침에 잠을 완벽하게 깨우자. 씻기, 옷 입기 같은 외출 준비보다 일단 잠을 깨워야 한다. 음악 틀기, 안마하기, 지압 볼 밟기, 손뼉치기, 아에이오우 큰 소리로 말하기, 쎄쎄쎄 하기 등 아이에게 맞는 것으로 잠을 깨우는 데 공을 들이자. 잠이 깨면 소리 지르지 않아도 되는 일들이다. 비몽사몽 소파에 앉아 있는 아이에게 "옷 벗어, 옷 입어"를 말해도 아이는 들리지 않는다.

잠이 안 깨면, 청각이 둔해지고, 행동이 느려지고, 당연한 행동이 어렵다. 잠이 깨면 되는 것들이다.

좋은 아침을 위해 먹을 것을 체크해야 한다. 아침에 많이 혼나는 것 중 하나가 먹는 것이다. "빨리 먹어, 한 숟가락 먹고 왜 멍하니 있어? 입에 물고 있지 마" 밥상 앞에서 아이를 다그친다. 그러다 국에 밥 말아 먹여준다. 먹는 것인지 밀어 넣는 것인지… 먹이는 사람도 먹는 사람도 힘들다. 먹는 것이 오래 걸리는 이유는 잠은 깼지만, 소화되는 장기가 안 깬 것이다. 장기가 안 깨면 넘어가지 않는다. 그러니 늦게 먹고, 음식을 입에 물고 있게 된다. 이럴 땐 주스 한 잔, 유동식, 요거트 등으로 간단하게 먹자.

아침마다 먹는 것으로 전쟁을 치르는 아이가 있었다. 아침밥 때문에 아침마다 집 안 분위기가 살벌하고, 아이와 사이도 점점 안 좋아지고 있었다. 메뉴를 밥, 국, 반찬에서 아이가 좋아하는 푸딩으로 바꾸자고 했다. 큰 것으로 준비해서 아침 식사를 하자고 했다. 부모님은 아이가 유치원에 가서 배고플까 봐 걱정했지만 지금 중요한 건 밥 한 숟가락이 아니다. 기분 좋게 먹는 경험이다. 밥 먹을 때마다 혼나는 것이 우리 집의 당연한 아침 루틴인 것을 끝내자고 설득했다. 부모님은 아이 얼굴만 한 푸딩을 준비했고, 아이는 아침밥을 먹을 때마다 기분이 좋아졌다. 등원하면서 화를 안 내는 좋은 아침을 연습하는 것이다. 아이만 식탁에서 먹게 하지 말고, 먹는 아이와 가볍게 대화를 나누면서 먹는다면 더 좋다. 기분 좋은 아침밥에 익숙해지고, 잘 먹게 되면 차츰 조금 더 든든한 메뉴로 바꾸어 나가면 된다. 단, 천천히 조금씩 바꾸어 가자.

  등원 전쟁의 하이라이트는 현관문을 나서는 분위기다. 일찍 일어나도 결국 매일 뛰어나간다. 등원 버스를 늘 허겁지겁 간신히 탄다. 또는 자주 지각한다. 발을 동동 구르면서 엘리베이터를 기다리고, 등원 차량을 향해 허겁지겁 뛰는 것이 일상이 되면, 아이의 아침은 늘 분주하다. 나갈 때 여유 있게 나가자. 평범하게 나가서 하늘도 보고, 구름도 볼 여유가 있어야 한다. 평온하게 하루를 시작하도록 도와주자. 부모님도 뛰어서 보내고, 한숨을 내쉬는 것이 일상이 되면 아침마다 아이 보내는 일이 부담된다. 오죽하면 아이가 등원하고 나면 어마어마한 일을 끝낸 듯한 느낌으로 온몸에 힘이 쭉 빠질까. 등원 준비하고 나가는 일이 평범한 일상이 되길 바란다. 2~3주 연습이 필요하다. 2~3달이 걸릴 수도 있다.

  아이에게도, 부모에게도 좋은 아침을 맞는 것은 평생 가치 있는 일이다. 소리 지르지 않고, 뛰지 않고 여유 있는 아침을 보내는 것이 초등학교 등교로도 이어지기 때문이다. 지금 해결하자. 정돈되고, 편안한 하루를 시작할 수 있을 것이다.

스마트폰은
사용 예절을 가르친다

"엄마, 우리 반에 스마트폰이 없는 애가 2명이래요."

그 두 명은 바로 우리 아들들이다. 같은 반인 쌍둥이 아들들을 제외하고는 전체가 다 스마트폰이 있다는 것이다. 반 아이들 대부분 스마트폰을 가지고 있을 것이라 짐작했지만, 전체라고는 생각하지 못해서 놀랐다. 없는 친구들이 그래도 몇 명은 있을 줄 알았다. 주변에서도 놀란다.

"스마트폰 없으면 워킹맘이 애들 어떻게 하려고?"

"집에서 애들 심심해하지 않아?"

"요즘 없는 애들이 어딨어?"

"친구 관계에 문제 생길 텐데…."

놀라기도 하고, 걱정도 해준다. 그중 나무라는 투로 말하는 이들도 있다. 아이들에게 스마트폰을 사주지 않는 별난 엄마라는 시선도 받는다. 그런데 참 이상하다. 그런 시선을 주는 엄마들과 밥 먹고, 차를 마시면 다 같은 한탄을 한다.

"애가 스마트폰 게임을 많이 해서 화를 냈다."

"애가 유튜브를 끊임없이 본다고 해서 매일 전쟁이다."

"차에서 하도 스마트폰을 봐서 시력이 급격히 안 좋아졌다."

"큰애가 스마트폰을 달고 살아서 빼앗았다가 학원 픽업 시간 때문에 도로 주었다."

스마트폰 때문에 일어난 사건을 너도나도 경쟁하듯 이야기한다. 한참 듣고 있으면 이해가 되지 않는다. 스마트폰 전쟁으로 괴롭다고 하는데 답은 정해져 있다. 일단 사주었기 때문에 전쟁을 하는 것이다. 없으면 전쟁이 일어나지 않는다.

사주어야 한다면 규칙을 지키는 힘, 심심함을 이겨내고 뭔가 즐거움을 찾는 힘, 혼자 노는 힘, 책의 즐거움을 아는 힘, 몸을 움직이며 성취를 아는 힘, 사람과 함께 어울리는 것이 귀하다는 것을 아는 힘, 스스로 온/오프를 제어하는 힘, 계절의 변화를 아는 힘, 시간을 지키는 힘, 꽃과 바람과 하늘을 감상하는 힘을 갖게 된 후에 사주어야 한다고 생각한다.

이런 힘을 의도적으로 만들려고 애쓰지는 않아도 된다. 그저 스마트폰이 없으면 저절로 만들어지는 힘이다. 화면 밖의 세상을 산다면 그렇게 된다. 아이들의 시선이 화면 밖의 세상을 보기도 전에 스마트폰 화면으로 고정되었다. 스마트폰이 있다가 없으면 심심할 것이다. 그런데 처음부터 없다면 자신에게 맞는 즐거움을 찾는다. 물론 삶의 방법도 찾는다. 책을 읽고, 정해진 시간만큼 알아서 TV를 본다. 때가 되면 스스로 학원에 가야 하고, 시간 맞추어 다음 학원으로 이동해야 한다. 책을 읽으면서 낄낄거리는 시간이 많아지고, 하늘빛이 아침 저녁으로 달라진다는 것도 알게 된다. 요리도 하고, 그림도 그리고, 시를 쓰기도 한다. 부모도 스마트폰 없는 아이와 사는 방법을 얼른 터득해야 한다. 심심해하는 아이를 바라보고, 의연하게 그럴 수 있다고 인정해야 한다. 아이와 약속을 한다면 정확한 약속 시간과 장소를 정해야 한다. 그리고 그 시간에 그 자리에 반드시 나와야 한다. 할리갈리와 빙고 게임을 하며 놀기도 하고, 꽃놀이 가서 함께 꽃도 보고, 맛집에 가서 대화하며 먹어야 한다.

"에이… 요즘 애들 그런 거 다 시시하게 생각하는데…"라고 말하는 사람들에게 이렇게 말하고 싶다. 아날로그의 즐거움은 오랫동안 꾸준히 쌓여야 알 수 있는 것이다. 그리고 시시하다고 말하는 부모치고 아이와 아날로그 방식으로 시간을 보내는 사람은 많지 않다. 스마트폰을 주어야 부모가 편하고, 부모도 스마트폰을 할 수 있기 때문이다. 스마트폰 전쟁을 치르는 부모들에게 감히 말하고 싶다. 없어도 된다고. 없어도 산다고. 없으니 그런 힘들을 갖게 된다고. 그런 힘이 생긴 후에 사주어도 된다고.

스마트폰 사용 예절은 일찍부터

스마트폰 사용 나이가 낮아지면서 스마트폰에 대한 상담이 부쩍 많아졌다. 대부분 아이들과 게임 시간, 유튜브 시청 시간, 카톡 시간 등에 대한 규칙을 정하고 아이와 약속한다. 또 부모님의 스마트폰에서 아이들의 스마트폰 앱을 제어할 수 있는 관리 앱에 대해 알아본다. 그런데 안타깝게도 스마트폰 사용 예절에 대해서는 가르치지 않는 듯하다.

5~7세 친구들은 자신의 스마트폰을 소유하기보다는 부모님의 것을 허락받고 사용하는 경우가 많다. 초등학교에 입학하면서 스마트폰을 사주는 부모님이 많고, 저학년까지 지켜보다가 사주는 부모들도 있다. 자신의 것이 생기기 전에 스

마트폰 예절에 대해 알려주어야 한다. 운전 예절, 스포츠 예절처럼 아이들이 알아야 하는 스마트폰 사용 예절에 대해 제안한다.

"공공장소에서는 헤드셋을 사용해 주세요."

지하철을 타면 꼭 마주하는 장면이 있다. 교복 입은 학생이 볼륨을 크게 하고 게임을 하는 장면이다. 또는 이어폰을 끼고 있어서 소리는 들리지 않는데 큰 소리로 말하면서 게임을 한다. 욕과 비속어를 섞어 가며 신나게 하다가 뭐가 잘 안 풀렸는지 화를 내기도 한다. 또는 예능 프로그램을 큰 소리로 켜놓고 보는 사람들도 쉽게 볼 수 있다. 눈살을 찌푸리지만, 누구도 섣불리 작게 해달라고 말하지 못한다. 무서운 10대이기 때문이다. 다만, 한 가지 신기한 것은 모두가 다 째려보고 싫어하는데 게임을 하는 학생과 예능을 보는 사람은 전혀 모르고 있다는 사실이다. 다른 사람의 시선에 전혀 신경을 쓰지 않는다.

남에게 피해를 주고 있다는 것을 왜 모를까. 이유는 옆자리를 보면 알 수 있다. 3~4세 정도 되어 보이는 아이들이 애니메이션을 소리를 켜고 보고 있다. 어릴 때부터 식당, 공원, 대중교통과 같은 공공장소에서 아무렇지도 않게 소리를 켜고 영상을 보면서 자랐으니 청소년이 되어도 당연히 소리를 켜고 게임을 하는 것이다. 공공장소와 볼륨의 관계에 대해 전혀 모른다. 부모들은 볼륨 한 칸이라며 예의를 지켰다고 하지만 제로가 아닌 이상 누군가에겐 피해를 준 것이다. 그러니 공공장소에서는 반드시 헤드셋이나 이어폰을 사용하는 것을 생활화해야 한다. 청소년이 되어 공공장소에서 비난의 시선을 받게 하지 말자. 자신의 스마트폰이 생기기 전에 당연히 지켜야 하는 예절로 몸에 익히게 해주자.

스피커폰으로 통화하지 않고 다른 사람의 폰은 함부로 만지지 않는다

길거리, 놀이터, 편의점 등에서 아이들이 스피커 기능으로 통화하는 모습을 자주 본다. 부모님이 늦는다는 사정, 다음 학원 동선 체크, 몇 시에 어디서 만나자는 내용까지 주변 사람들이 다 듣는다. 부모님이 늦어서 아이들끼리 집에 있어야 한다는 통화를 들으면서 범죄에 노출될 수 있겠다고 생각했다. 가끔은 집안의 개인적인 이야기까지 주변 사람들이 다 알게 된다. 학원에 가지 않고 놀이터에서 노는 아이를 나무라는 엄마의 격한 목소리를 온 동네가 다 들은 적도 있다. 단원평가 점수를 말하면서 어서 공부방으로 가라고 하는 통에 아이의 점수가 온 동네에 공개된 적도 있다. 스피커 기능으로 통화하는 것이 자연스럽다 보니 겪는 일이다. 범죄 노출과 개인 프라이버시, 공공장소에서 조용히 해야 하는 이유를 들어 올바르게 통화하는 법을 가르치자. 집이 아닌 곳에서는 스피커폰으로 통화하지 않는다는 습관을 알려주자.

요즘 고가의 스마트폰을 사용하는 초등학생들이 많아졌다. 출시된 지 얼마 안 된 모델을 학교에 가져가면 아이들이 신기해한다. 이 친구 저 친구 구경하다가 떨어뜨려서 액정이 깨지거나 흠집이 나기도 한다. 아이 친구가 아이의 스마트폰을 만지다가 떨어뜨렸는데 배상을 요구하기 애매하다는 말을 여러 번 들었다. 물론 반대의 경우도 있었다. 서로 불편한 일이 생기지 않으려면 아예 다른 사람의 스마트폰을 만지지 않아야 한다. 다른 사람의 물건을 만지는 데 거리낌이 없으면 이런 일이 생긴다. 더욱이 점점 고가의 스마트폰을 들고 다니는 아이들이 늘고 있으니 조심히 만지라는 말보다는 아예 만지지 않아야 한다고 가르치자. 조심히 만지고 있었는데 지나가는 친구가 밀어서 떨어뜨리는 일도 있고, 조심히 구경하고 돌려주다가 주는 손과 받는 손의 박자가 안 맞아 떨어지는 경우도 있다. 친구의 스마트폰으로 게임을 하는 일, 와이파이 잡아 준다고 만지는 일 등의 상황을 만들지 않는 것이 좋다.

  5~7세는 스마트폰 사용 능력이 부모보다 좋아지는 시기이다. 요즘 애들은 스마트폰 사용 뇌가 따로 만들어져 있나 싶을 정도로 기능을 잘 사용한다. 사용 시간 조절하기, 게임 시간 약속 지키기 등의 사용 조절도 중요하지만, 예절을 먼저 익히기를 추천한다.

아이들에게는 바깥 놀이가 필요하다

'이상한 변호사 우영우'라는 드라마가 있었다. 여러 가지 에피소드 중에서 기억에 남는 인물이 있다. 밤늦게까지 학원에서 공부하는 아이들을 탈출시키려는 방구뽕이라는 사람이다. 그는 학원에서 공부하는 아이들을 데리고 산으로 간다. 그곳에서 다음의 대사를 강조하며 아이들과 논다.

"어린이는 지금 당장 놀아야 한다."
"어린이는 지금 당장 건강해야 한다."
"어린이는 지금 당장 행복해야 한다."

사실 드라마를 보면서 깜짝 놀랐다. 이유는 내가 상담하는 아이들에게 자주 했던 말과 비슷했기 때문이다. "아이들은 많이 놀아야 한다. 아이들은 엄청 행복해야 해. 그리고 건강해야 하지. 선생님이 바라는 아이들의 삶이야"라고 20년 동안 말했다.

드라마에는 초등학교 때부터 입시 경쟁 속에서 밤늦게까지 학원에서 공부하는 아이들이 나온다. 부모는 의대냐, 법대냐에만 관심을 두고 있었다. 그런데 현실에서 주변에 드라마 속 아이들처럼 공부하지 않는 가정도 많다. 그렇다고 많이 놀지도 않는다. 마을 여기저기에서 해가 지도록 뛰어놀았던 어린 시절의 풍경은 이제 옛날이야기가 되었다.

2014년 영국의 내셔널트러스트지는 11세 전에 아이들이 놀아야 할 목록을 50가지 만들었다. 다음과 같은 놀이가 기억에 남는다.

나무에 오르기
비 오는 날 비 맞으며 뛰어다니기
나뭇가지로 아지트 만들기
언덕에서 구르기
바람 느껴보기

우리나라의 상황에 맞게 바꾼다면 이런 목록일 것이다.

무궁화 꽃이 피었습니다

한 발 뛰기

돈가스

얼음 땡, 술래잡기

땅따먹기, 사방치기

경찰과 도둑

말방 까기

돌멩이 찾기(보물찾기)

끝도 없이 써 내려갈 수 있다. 도시화되고 인터넷과 스마트 기기들이 등장하면서 조금씩 사라진 놀이문화들이다. 동네 놀이터나 골목골목에서 이런 놀이를 매일매일 하며 성장했으면 좋겠는데 아이들은 학원에 가야 한다. 또 위험하다고, 손 더러워진다고 말리는 부모님도 늘어나고 있다.

영국의 비영리 단체 PLAY ENGLAND는 "아동기는 즐겁고 활동적이어야 하며 건전하고 긍정적인 활동을 통해 개인적 사회적 기술을 연마해야 하는 시기"라고 아동기를 정의하고 있다. 바깥 놀이를 권장하는 이유이기도 하다.

어느 주말에 가족들과 공원에 갔다. 마침 지역축제가 진행 중이었고 엉겁결에 참여하게 되었다. 먹거리, 놀거리, 중고

장터 등으로 붐볐다. 체험존을 돌다가 시간이 걸리는 공예 부스에 앉았다. 아이들이 공예를 하는 동안 벤치에서 앉아서 기다렸다. 벤치 옆에서 5~6명 정도 되는 아이들의 말소리가 들렸다.

"이제 다 (체험)했는데 어디 가지?"

"여기서(공원) 놀자."

"여기서 뭐 하고 놀아. 놀 것도 없는데…."

"나뭇가지도 있고 나뭇잎도 있고…. 여기서 놀자."

"다른 데 가서 놀자."

공원에서 놀자는 아이들과 쇼핑몰로 가서 놀자는 아이들로 나뉘었다. 공원에서 놀고 싶은 아이들의 의견은 자연물을 가지고 놀자는 것이다. 쇼핑몰로 가고 싶은 아이들은 시시하게 무슨 자연물이냐, 올리브영이나 다이소, 아트박스 같은 데 가서 놀자는 의견이었다. 잠시 이런저런 대화가 오갔고 부모님과 통화를 하는 아이도 있었다. 몇 분 후 공원에서 놀자는 아이들이 의견을 굽혔고, 우르르 근처 쇼핑몰로 갔다. 의견을 굽힌 가장 결정적인 이유는 옷이 더러워지는 것을 엄마가 싫어한다고 한 아이의 말이 크게 반영되었기 때문이다.

옆에서 듣는데 내심 아쉬웠다. 바람과 햇빛이 절묘한 조화를 이루는 날씨, 가을빛으로 물들어 가는 단풍잎, 적당히 가지고 놀기 좋은 흙, 나무 스스로 가지치기를 하며 떨궈낸 나뭇가지들이 아까웠다. 일 년에 며칠 안 되는 날인데… 봄바람, 여름 햇빛, 가을 하늘, 겨울 공기가 잘 어우러진 날인데 말이다.

봄이 주는 멋을 아는 아이들이 있다. 진달래와 개나리가 피는 순간을 볼 줄 알고, 벚꽃잎이 흩날리는 거리를 즐길 줄 안다. 봄 햇빛을 느끼며 놀이터에서 뛰어논다. 겨우내 움츠러든 몸과 마음을 봄볕을 쬐면서 펴본다.

여름이 주는 멋을 아는 아이들이 있다. 장마에 쏟아지는 장대비를 구경하고, 더워지는 날씨로 흐르는 땀을 닦아낸다. 수박화채 한 그릇의 시원함으로 더위를 이겨낸다. 강렬한 태양 빛에 지쳐가지만 물놀이로 신남을 느낀다.

가을이 주는 멋을 아는 아이들이 있다. 높아지는 하늘과 뭉게뭉게 핀 구름을 보면서 여름 하늘과 다른 가을 하늘을 안다. 거리의 나뭇잎이 점점 물들어 가는 것을 보면서 어제의 빛깔과 오늘의 빛깔이 다름을 안다. 감도 맛있고 밤도 맛있고 공기도 맛있다.

겨울이 주는 멋을 아는 아이들이 있다. 찬 기운 속에서 후후 입김을 불어보고 영하의 날씨에 호호 손을 불어본다. 눈이 오면 눈 맞으러 뛰어나가고 뽀드득뽀드득 눈 밟는 느낌을 즐겨본다. 군고구마도 맛있고, 호빵도 맛있다.

점점 계절이 주는 멋을 모르고 실내에서만 크는 아이들이 많아지는 것 같아 안타깝다. 겨울이면 추워서 안 나가고, 여름이면 더워서 나가지 않는다. 비 오면 귀찮고, 눈 오면 옷과 신발이 더러워진다고 싫어한다. 아이들의 삶은 점점 스마트폰 화면으로 빠져든다. 짧고 빠르게 지나가는 것들을 보는 시간이 많아져 조금씩 변하는 계절의 변화에 감흥이 없다.

계절의 멋을 아는 아이들이 많아지길 바란다. 계절의 멋을 안다면 크면서 마주하게 되는 바쁜 일상에서 한 박자 쉬어 갈 수 있는 여유를 찾을 수 있을 것이다. 또 예상치 못한 문제를 만났을 때 자연이 주는 위로와 평안을 느낄 수 있다. 현란하고 화려한 것에만 즐거움이 있는 것이 아니라 자연도 즐겁다는 것을 알게 된다. 무엇보다 애쓰고 노력하지 않아도 지나는 계절을 보며 삶의 흐름에 대한 지혜가 생길 것이다. 이런 귀한 장점이 무료다. 계절로 시선을 주기만 하면 된다.

개인적으로 요즘 아이들에게 바깥 놀이가 필요하다고 생각한다. 5~7세에 놀이터와 공원에서 자주, 많이, 충분히, 다양한 놀이를 하길 바란다. 놀면서 의견을 조율하고, 규칙을 조정하면서, 관계의 조화를 이루어 나갈 수 있다. 부모와 함께 뛰어놀면서 조율, 조정, 조화를 경험하자.

엄마표 학습을 하기 전에

 언제부턴가 '엄마표'라는 말을 자주 듣게 되었다. 엄마표 영어, 엄마표 독서, 엄마표 수학, 엄마표 미술, 엄마표 한글 등 엄마가 직접 아이를 가르치는 수업을 칭하는 말이다. 5세부터 슬슬 주변에서 학습을 시작한다. 방문 학습지 선생님과 한글을 시작하거나 놀이식 영어를 시작하기도 한다. 옆집 아이가 한글을 읽고, 영어를 사용하면 아무것도 안 하는 우리 아이가 뒤처지는 느낌이 든다. 그래서 그런지 5~7세에 엄마표 수업이 활발하게 시작된다. 시작했다고 해서 지속되는 것은 아니다. 집안일과 육아로 피곤하고, 아이를 가르치다가 화를 내는 일이 많아 시간이 흐르면서 흐지부지된다. 엄마표 수업은 아이에게 많은 사교육을 시키지 않고, 친근한 엄마가 집에서, 편하게 수업한다는 장점이 있다. 비용도 적게 들고, 시간도 융통성 있게 사용할 수 있다. 시간 맞추어 차량을 태우거나 픽업하지 않아도 된다.

하지만 엄마표 수업을 하기 전에 꼭 기억해야 할 것이 있다. 상담했던 아이 중 엄마표 학습을 하는 아이들이 꽤 있었다. 아이들과 엄마들의 이야기를 들으며 엄마표 학습을 하는 분들께 하고 싶은 이야기가 생겼다.

공부보다 부모 자녀 관계가 우선이다

계획대로 꾸준히 엄마표 수업을 하다 보면 엄마와 자녀의 관계가 마치 사제 간처럼 되어가는 안타까운 상황을 본다. 이유는 간단하다. 저녁에 마주 앉아서 서로의 일상, 즐거웠던 일, 오늘의 기분에 관한 대화는 하지 않고 오로지 수업에 관련된 이야기만 하기 때문이다.

"(영어 애니메이션으로) 흘려 듣기 했니?"

"단어 문장 외운 거 확인하자."

"소리 내서 읽기 동영상 찍자."

"영어 동화책 읽기 해야지."

"학습지 한 장으로 마무리 활동하자."

아이와 함께 하는 시간이 대부분 엄마표 수업에 관한 것으로 꽉 찬다. 그날의 진도 확인과 숙제 확인, 단어 퀴즈, SNS에 인증할 동영상 촬영(영어 읽기 같은 것) 등을 주로 한다. 이런 시간이 오래 반복되면 아이와 엄마표 수업 내용으로만 대화하고, 엄마표 수업으로만 관계를 맺게 된다. 더 시간이 지나면 엄마표 수업에 관한 이야기를 빼고 서로 할 이야기가 없어진다. 보드게임도 하고, 수다도 떨고, 같이 영화도 보면서 엄마표 수업을 해야 하는데, 점점 수업만 하게 되는 것이다. 아이는 집에서 선생님과 함께 하는 느낌을 가질 것이다. 부모 자녀 관계가 먼저라는 사실을 잊지 않았으면 좋겠다.

갑자기 엄마표 학습이 늘어난 이유가 뭘까? 여러 가지 이유 중 SNS의 영향이 크다고 생각한다. 블로그, 인스타, 페이스북을 하다 보면 아이와의 수업을 기록으로 남기는 분들이 많다. 영어 동화책을 읽는 동영상, 아이가 쓴 영어 에세이 사진, 흘려 듣기용 애니메이션 커리큘럼 등의 자료가 많다. 기록을 남기는 것은 아주 좋은 습관이다. 문제는 기록이 주가 되었을 경우다. 좋은 동영상, 멋진 사진을 위해 잘 읽었지만 아이에게 '한 번 더'를 요구하거나 카메라 각도, 조명, 주변

환경 정리 등을 살피면서 동화책을 읽으라고 해야 한다. 혼자만 알아볼 수 있게 정리해도 괜찮다고 생각한다. 기록이 주가 되어 남에게 보이기 위한 수업은 결국 아이와의 관계에 영향을 미친다.

번외로 조심스럽게 전달하고 싶은 내용은 엄마표 수업으로 사업을 할 때 아이가 모델이 되는 경우가 많은데, 아이가 느끼기에 엄마와의 관계가 비지니스 파트너로 느껴지지 않도록 주의해야 한다. '엄마 사업의 모델'이 '엄마의 자녀'보다 우선인 포지션이라고 느끼면 언젠가 문제가 된다.

안정 애착 관계를 유지하면서 엄마표 수업을 이어가기 어려운 분들이 있다. 안정 애착 관계와 엄마표 수업 둘 다 유지하지 못할 것 같으면 차라리 엄마표 수업을 포기하는 편이 낫다.

내 아이가 느린 기질을
가지고 있다면

"뭐 하나 시작하는 게 왜 이리 오래 걸리는지 모르겠어요."

"아기 때 문화센터에서부터 알아봤다니까요. 다른 애들 다 천사 날개 하고 있는데 우리 애만 제가 안고 있었어요."

"키즈카페에서도 다른 애들 우르르 뛰어가는데 우리 애만 제 옆에 한 20~30분은 앉아 있다가 가서 놀아요."

"제한 시간 다 돼서 나가려고 하면 못 놀았다고 울어요. 그럼 입장할 때부터 놀면 되잖아요."

대부분 이런 고민으로 부모와 상담센터에 찾아오는 아이는 느린 기질인 경우가 많다. 느린 기질은 발달이 느리다는 것이 아니다. 오히려 발달은 빠를 수도 있다. 느린 기질은 영어로 'Slow-to-warm-up temperament'라고 하는데, 즉 발달이 느린 것이 아니라 warm-up이 느린 것이다. warm-up을 '준비'라고 할 수 있고, '적응' 또는 '수용'이라고도 할 수 있다.

키즈카페에 방문했을 때 부모는 재미있고 신나는 놀잇감으로 향해 뛰어가는 아이를 보고 싶다. 주변의 아이들은 키즈카페 입장부터 들떠서 문이 열리자마자 원하는 곳으로 우르르 뛰어간다. 그런데 우리 아이만 내 옆에 앉아 있다. 분명 아이가 오고 싶어 해서 온 것임에도 의자에 앉아 커피를 마시는 엄마, 아빠 옆에 앉는다. "가서 놀아. 네가 오자고 해서 왔잖아"라고 말하지만 아이는 쭈뼛쭈뼛 뭉그적뭉그적 앉아 있다가 과자 하나 사달라고 한다. "다 먹지도 않으면서 꼭 사달라고 하더라. 이러다 시간 돼서 나갈 때 또 다 못 놀았다고 울지 마"라고 싫은 소리를 뱉는다. 한두 번 겪은 일이 아니기 때문이다. 일행이라도 있으면 더 난감하다. 못 놀았다고 더 놀아야 한다고 울고, 나가는 일행을 향해 가지 말라고 운다. 매번 왜 이러는지 차에 타서 아이에게 왈칵 짜증을 낸다.

아이 입장에서 보면 나는 느린 기질이다. 적응하는 데 시간이 걸린다. 내가 오자고 해서 왔지만 의자에 앉아 오늘의 공기, 분위기를 눈으로 익혀야 한다. 귀로는 음악 소리, 아이들 소리에 적응해야 한다. 특별히 놀고 싶은 분야를 찾아야 하고 살펴야 한다. 온몸과 감각으로 이곳에서 놀 준비를 하고 있다. 아직 움직일 준비가 되지 않았는데 엄마, 아빠가 계속 가서 놀라고 한다. 시간이 필요할 것 같아서 과자를 하나 사달라고 했다. 먹으면서, 아니 먹는 척하면서 조금 더 적응의 시간을 가져야 한다. 이제 온몸으로 이곳이 적응되었고 수용할 수 있게 되었다. 40분이 지났다. 제한 시간이 2시간이니까 1시간 20분 놀아야 한다. 이상하다. 나는 항상 시간이 부족하고 만족스럽게 충분히 놀지 못한다. 그래서 나갈 때마다 아쉽고, 울고, 혼난다.

문화센터에서도 마찬가지다. 매주마다 와서 천사, 애벌레, 난쟁이 등 깜찍한 캐릭터로 변신하고 신체 활동하는 프로그램을 선택했다. 경쟁률이 높아서 앱을 열고 5분 전부터 준비하고 있다가 신청 앱이 오픈되자마자 빠른 터치로 신청했다. 기대하고 시작한 첫날, 아이가 안 들어가겠다고, 안 하겠다고 버텨서 40분 내내 안고 있었다. 둘째 주, 셋째 주 조금씩 나아지긴 했지만, 캐릭터 의상을 입고 변신은 한 번도 못 했다. 문제는 얼마 전부터 40분 지나서 다 집에 가는데 그때 캐릭터 의상을 입고 싶고, 다 끝난 활동을 하고 싶다고 한다. 강사님도 정리하셔야 하고 다음 타임을 위해 나가야 하는데 난감하다. 활동이 다 끝나서 남들 다 벗을 때 입으려고 한다.

느린 기질의 아이는 40분 내내 변신하는 다른 아이들을 보며 적응하고 있었다. '모자가 있구나. 날개도 있구나. 한 바퀴 뛰어서 엄마에게 안기는 활동이구나.' 눈과 귀로 살피고, 온 감각으로 적응하는 중이었다. 그런데 이제 낯선 것들이 다 적응되어서 입으려고 하는데 다른 친구들이 다 벗고 있다. 꼭 하고 싶은데 어쩌나. 지난주에도 이랬는데….

느린 기질 아이의 적응법

내 아이가 느린 기질이라면 다음과 같은 방법이 도움이 될 수 있다.

친구들과 함께 키즈카페에 놀러 가서 난감하지 않으려면 이렇게 하면 된다. 만약 3시에 키즈카페에서 친구들과 모임이 있다면 2시에 미리 가는 것이다. 1시간 동안 충분히 적응할 시간을 주고 3시에 친구들이 오면 만족스럽게 놀 수 있다. 문화센터 역시 전 타임에 가서 창문으로 그날의 캐릭터 의상과 활동 내용을 미리 보고, 눈으로 귀로 적응하는 시간이 필요하다. 다 보고 다음 타임에 들어가는 식으로 다니면 아이가 적응이 다 되어서 캐릭터 옷이 낯설지 않다.

필자의 쌍둥이 자녀 중 한 아이도 느린 기질이다. 비가 오는 날 갑자기 우비를 입거나 우산을 쓰면 어색해서 등원하기 힘들 수 있기에 미리 연습했다. 집에서 우비도 입어보고 우산도 써보고 외출도 해보며 비 오는 날 등원을 대비했다. 조금 더 커서 줄넘기 학원에 다니기 위해 2주 전부터 줄넘기 학원 수업 시간에 맞추어 가서 구경했다. 2주 정도 구경하고 나니 적응되고 그곳의 모든 것이 수용되었다. 다른 친구들 줄넘기 넘어가는 소리, 음악 음향, 선생님의 호루라기 구호 등 적응할거리가 한둘이 아니었다. 줄넘기를 잘하고 싶은 것은 아이의 욕구였다. 줄넘기 학원에 다니고 싶은데 다니기 힘들어한다. 처음 시작이 낯설어서 어려운 부분을 민감하게 이해하고 도와주어야 한다. 초등학교 입학 전부터는 집에서 입학할 학교까지 도보로 산책했다. 아이가 3월에 낯선 길로 등교하며 긴장감을 느낄까 봐 그 길을 익숙하게 만들어 주기 위해서였다.

넉넉하고 충분한 시간이 있으면 아이를 재촉하지 않아도 된다. 비 오는 날 등원은 해야 하고, 아이는 우비와 우산에 적응이 안 되어 징징대면 점점 아이를 다그치게 된다. 충분한 시간과 안전함을 경험하면 점점 그 시간을 줄여나갈 수 있고, 스스로 견디면서 적응하고 수용할 수 있게 된다. 중요 포인트는 천천히 조금씩 삶 속에서 경험해 나가야 한다는 것이다. 육아는 같이 살아가는 삶의 여정, 삶의 맥락 안에서 이해하는 것이 좋다.

　모든 기질이 그렇지만 느린 기질은 더욱 섬세하게 이해하고, 수용하고, 생활 속에서 잘 대처하는 것이 필요하다. 잘 대처해준다면 자라면서 점점 사회에서 원하는 적당한 속도로 살아가게 될 것이다. 재촉한다고 빠르게 되지 않고, 다그친다고 빠릿빠릿해지지 않는다. 기질은 타고난 것이기 때문이다. 그러니 "속 터진다. 빨리 안 하니?"라고 한숨 쉬며 대하지 않길 부탁한다. 자기만의 속도가 사회 안에서 원하는 속도와 만나기까지 든든하게 도와주고, 기다려주고, 응원해주자.

PART 4

5~7세
우리 아이 육아 상담소

첫째가 다시
어린애가 되었어요

    동생이 생기면 첫째들의 행동이 변한다. 어리광이 늘기도 하고, 징징거리기도 한다. 혀 짧은 소리를 내기도 하고, 동생의 볼을 꼬집기도 한다. 아기보다 더 관심받고 싶어 과한 애교를 부리기도 하고, 동생을 못 만지게 아예 엄마에게 계속 안겨 있는다. 할머니, 할아버지, 엄마, 아빠 다 이유를 알고 있다.

    동생이 생긴 첫째의 마음을 흔히 보위를 빼앗긴 왕의 심정이나 남편이 데려온 젊고 예쁜 둘째 부인으로 비유한다. 그 마음이 안쓰러워 온 가족이 부단히 첫째에게 신경을 쓴다.

엄마는 평소보다 더 많이 사랑한다고 말해주고 안아준다. 아빠는 퇴근하면서 첫째가 보고 싶어서 달려왔다고 말한다. 할머니는 동생에게는 관심 없고, 오로지 너를 보기 위해 놀러 왔다고 매일매일 말해준다. 할아버지는 올 때마다 마트에 데리고 나가서 간식과 장난감을 사준다.

온 가족의 노력에도 불구하고 5살 언니의 심술(할머니의 표현)은 끝이 없었다. 말도 안 되는 요구사항도 많아졌다. 작은 일에 울기 시작해 그치는 데 1시간은 족히 걸린다. "엄마가 나를 업고 아빠가 밥을 떠 먹여줘"와 같은 요구를 들어줘야 하나 말아야 하나, 비가 억수 같이 내려서 편의점에 갈 수 없다는 말에 1시간씩 우는 아이를 달래줘야 하나 말아야 하나, 신생아 아기에게 막대사탕을 먹이고 싶다고 막무가내로 떼를 부리는 아이를 어찌해야 하는지 온 가족이 혼란스러워했다.

어느 날 "동생이 생기고 하루도 편할 날이 없다"는 할머니가 센터에 문의 전화를 하셨다. 보통 엄마들이 전화하는데 할머니가 안타깝고 힘들어서 초록색 창으로 알아보시고 연락하셨단다. 지난 3달간의 이야기를 눈물 콧물 닦으시면서 쉬지 않고 말씀하셨다. 전화 통화였지만 출산한 딸과 손녀딸에 대한 안타까움이 고스란히 느껴졌다. 상담 예약을 마치고 전화를 끊으려는 차에 이런 말을 남기셨다. 손녀딸을 보면 너무 예쁘고 말을 잘해서 깜짝 놀랄 것이라고.

출산의 부기가 채 빠지지 않은 엄마와 연락을 하신 할머니 그리고 예쁜 5살 첫째가 센터를 방문했다. 엄마의 표정은 많이 지쳐 있었고, 할머니의 표정은 매우 어두웠다. 반면 5살 첫째는 눈이 반짝반짝하고, 처음 보는 나에게 서슴없이 말을 걸었다. 밝고 명랑하고 조잘조잘 계속해서 말을 걸었으며 표정이 변화무쌍하고 까르르 웃는 웃음소리를 들으니 지금의 기분을 충분히 알 수 있었다. 아기 없이 엄마와 할머니와의 외출로 기분이 한없이 업되었다.

상담실에서 우리의 놀이 세계는 끝없이 펼쳐졌다. 처음 만났다는 것이 믿기지 않을 정도로 대사가 착착 맞고, 웃음 포인트가 척척 맞았다. 깔깔깔 웃고, 방방 뛰고, 뻘뻘 땀을 흘리며 놀았다. 놀다 놀다 아이가 한 말을 잊을 수 없다.

"선생님, 할머니가 매일 거짓말해요. '할머니는 아기 하나도 안 예쁘다. 할머니는 우리 ○○만 예쁘다' 하고요."

그런데 할머니가 동생을 보는 눈에서 하트가 떨어진다고 했다. 딸이 둘째를 출산해 매일같이 집에 오시는 할머니가 신생아 동생을 볼 때는 눈에서 하트가 떨어지는데 자신을 볼 때는 그 하트가 없다고 했다. 아빠도 내가 보고 싶어서 회사에서 달려왔다고 말하지만, 동생을 대하는 태도와 자신을 대하는 태도가 다르다는 것을 5살 아이는 감으로 느끼고 있었다. 엄마도 할아버지도 마찬가지다.

이 이야기에 할머니와 엄마는 눈물을 흘리셨다. 엄마는 한 번의 유산을 하고 만난 둘째가 더 각별하기도 하고 5년 만에 신생아를 보니 첫째 때는 처음이라 긴장하고 길렀는데, 둘째는 여유 있게 대할 수 있었다고 한다.

나도 아이들이 다 크고 오랜만에 신생아를 봐서 신기하고 예뻐 눈을 떼지 못했던 경험을 했다. 그때 우리 아이들이 집에 와서 엄마가 아기를 너무 예뻐해서 질투 났다고 했었다. 엄마의 표정과 말투, 느낌에서 진심으로 아기를 예뻐한다고 느꼈던 것이다. 첫째 역시 말로는 자기가 예쁘다고 하면서, 하트는 동생을 보는 눈에서만 떨어지는 어른들을 보며 이상하다고 느꼈고 불안해졌다. 심술이 아닌 불안이었다. 불안의 마음을 잘 도와주는 상담이 진행되었고 얼마 후 헤어졌다. 헤어지면서 할머니가 하신 말씀이 기억에 남는다.

"첫째에게 동생이 예쁘다고 말하면 왜 안 된다고 생각했는지 모르겠어요. ○○이 아기 때랑 많이 닮았고, 그래서 그런지 참 예쁘다고. ○○도 예쁘고, 동생도 예쁘다고 말하면 될 것을…."

"아이랑 대화하려고 하지 않았던 것 같아요. 그냥 내가 말하면 그대로 들을 줄 알았던 것이지."

"덕분에 마음을 속이는 대화가 아니라 진실한 대화를 하는 법을 알았어요. 알고 나니까 애하고 말하는 게 힘이 안 들고 더 편하고 재미있어요."

할머니의 마지막 말씀이 상담사로서, 엄마로서 울림이 되었다.

우리 아이에게 맞는
훈육법을 알려주세요

　부모 상담을 하다 보면 질문을 많이 받는다. 가정마다 아이마다 상황은 다르지만 육아를 하다 보면 비슷비슷한 어려움이 생기기 마련이다. 그래서 그런지 질문도 비슷하다. 남들이 보면 큰 문제가 아닌 것 같지만 아이를 기르는 부모는 하루하루가 힘들다.

　"연년생 둘이 매일 육탄전이에요. 어떻게 해결할 수 있을까요?"

　"매일같이 거실 한가득 어지르고 치우지 않아요. 정리를 가르치는 방법을 알려주세요."

"해달라는 것이 너무 많아요. 혼자 할 수 있는 것인데… 스스로 할 수 있게 도와주세요."

"양치를 너무 싫어해요. 어떻게 해야 할까요?"

"화가 나면 소리 지르고 던지고 난리예요. 제가 무섭게 해도 고쳐지지 않아요."

정도는 다르지만 비슷한 어려움을 토로한다. 같은 문제가 매일매일 반복되다 보니 아이에게 화를 내고 소리를 지른다. 육아서나 육아 프로그램을 보고 굳은 다짐을 하지만, 현실에서는 기억나지 않는다. 아이에게 폭발한 날 밤 돌이켜 생각하니 별것 아닌 것에 왜 이리 고래고래 소리를 질렀는지 미안하다. 자는 아이의 얼굴을 보면서 미안함과 죄책감이 섞인 감정으로 눈물을 흘린다. 문제는 다음 날 어제와 같은 화와 눈물이 반복된다는 것이다. 돌이켜 생각해 보면 아이가 이제 5살이고 양치가 싫을 수 있다고 이해된다. 나의 어린 시절을 기억해 보면 나 역시 거실 한가득 장난감을 늘어놓고 놀았었고, 툭하면 동생과 티격태격이었다.

'그래. 아직 아이고 자라는 중이라고 육아서에서 읽었지.'

'잘 알려주자. 화내지 말자. 소리 지르지 말자. 친절하게 알려주자. 다정하게 말하자.'

마음속으로 수없이 다짐한다. 어제와 같은 문제가 일어났을 때 마음을 가다듬고 소리 지르고 싶었지만 참았다. 속으로 "잘했어"라고 자신을 다독인다. 잠시 후 아까와 비슷한 문제가 생겼다. 다시 한번 참는다. "잘했어." 참는다. "잘했어." 그러다 잠자리에 누워서 "물과 쉬"를 번갈아 가며 외치는 아이의 행동에 결국 눌러왔던 화가 버럭 터졌다. '에휴, 또 소리를 지르고 화를 냈네. 이러지 말아야지' 하고 또다시 다짐한다. 며칠 잘 참다가 식탁에서 물을 쏟은 아이에게 폭발했다. 이런 상황들이 몇 년간 반복되면서 점점 지친다. 그리고 상담센터에 연락해서 다음과 같은 말을 한다.

"우리 아이에게 맞는 훈육법을 알려주세요."

"애들이 말을 안 들어요. 어떻게 훈육해야 할지 알려주세요."

"훈육을 잘하고 싶어요."

좋은 훈육이란

아동 상담을 시작하면서 훈육에 대해 그리 깊게 생각하지 않았다. 육아의 우선순위가 훈육이 아니었기 때문이다. 그런데 상담 현장에서 많이 받는 질문이 훈육이다 보니 깊이 생각하게 되었다. 그 생각들을 정리해 보고자 한다.

첫째, 훈육에 대한 오해를 풀고 싶다. 훈육이라고 하면 "무섭다/화낸다/엄하다/내 말을 들어라/복종" 같은 느낌과 체벌을 떠올린다면 오해다. 훈육의 사전적 정의는 "품성이나 도덕 따위를 가르쳐 기름"이다. 품성이나 도덕을 가르치기 위해 화가 나는 것은 감정의 문제이지 훈육의 문제가 아니다.

둘째, 훈육에 대한 이해가 필요하다. 훈육은 지금 당장 부모의 말에 복종하는 것이 아니라 아이에게 '좋은 습관'을 가르치는 과정이다. 완결이 아닌 과정 중이기 때문에 서투를 수 있고 시행착오가 있을 수 있다. 이것을 인정하지 않으면 화가 난다. 넓게 보면 생활 전반에서 일어나는 것이 훈육일 수 있다. 장난감 정리를 하지 않는 아이를 따끔하게 가르치는 시간만 훈육이라고 생각하는 듯하다. 장난감을 정리할 수 있도록 가르치는 것도 훈육이다. 나이에 맞게 차근차근 정리를 가르치는 것이 먼저다.

셋째, 좋은 훈육을 위해 준비되어야 할 것이 있다. 훈육은 누가 하는 것인가? 어떻게 하는 것인가? 안정 애착을 맺은 양육자가 말과 행동으로 하는 것이다. 그러니 안정 애착과 소통이 기본으로 준비되어야 한다. 안정 애착 관계인 부모가 아이가 이해할 수 있는 말과 행동으로 하는 훈육이 좋은 훈육이다. 안정 애착은 태어나서 아이에게 보여주는 민감함, 반응성 그리고 일관성을 기초로 한다. 아기가 춥다고 느꼈을 때 민감하게 알아차리고 얼른 따뜻하게 해주는 반응을 일관되게 해주면 안정감을 느낀다. 안정 애착을 형성하기 위해서는 표정과 느낌도 중요하다. 애착은 욕구와 본능이 강한 신생아 때부터 성인까지 계속 형성된다.

그리고 아이가 자라면서 소통을 하게 된다. 아이가 말을 한다고 해서 소통이 되는 것은 아니다. 아이의 언어발달에 따라 알아듣는 능력과 표현하는 능력이 차이가 생긴다. 많은 부모들이 아이는 5살인데 15살처럼 대화할 때가 있다. "장난감 정리해라. 치워라"보다는 "인형을 바구니에 넣기"나 "블록은 상자에 넣기"라고 행동으로 보여주며 소통해야 한다. 또 아이가 인형을 바구니에 넣었을 때 "그렇지, 맞아"라고 긍정적으로 민감하게 반응해야 한다. "아빠, 유치원 가기 싫어"라고 말하는 아이에게 "나중에 회사생활 어떻게 하려고, 세상이 그렇게 호락호락한 줄 알아? 하고 싶은 대로 하면서 살 수 없어. 그냥 가"라고 나무라기보다는 "유치원 가는 것이 힘들구나. 이유가 궁금하네"라고 공감하며 다가가야 한다.

소통은 언어적 소통도 있지만 눈빛, 표정, 목소리 톤, 말투, 행동, 분위기 같은 비언어적 소통도 있다. 아이들은 언어의 내용보다 느낌이 더 중요하다. 말도 통하고, 눈빛도 통하고, 손발도 통하고 마음이 통해야 소통이 되는 것이다. 이 모든 것이 소통하려면 평소 소통의 시간을 자주 가져야 한다. 소통의 시간을 가지면서 아이는 부모와 애착 관계를 맺게 된다. 그러니 애착 관계와 소통은 짝꿍이다. 애착과 소통이 잘 되면서 점점 권위 있는 부모와 행복한 자녀 관계가 만들어진다. 부모의 말을 들으면 칭찬과 격려 그리고 응원을 들을 수 있다는 긍정적 경험치가 쌓이면서 '부모의 말을 경청하는 모습'이 장착된다.

기억할 것은 아이가 항상 바로바로 부모의 말을 듣고 행동하지 않는다는 것이다. 이럴 때 필요한 것은 체력이다. 여러 번 반복적으로 가르쳐줄 수 있는 힘은 인격이 아닌 체력이 필요한 영역이다. 결국 민감하게 일관된 반응을 하며 소통하기 위해서는 체력이 필요하기도 하다. 좋은 훈육을 위한 준비물은 안정 애착 관계, 소통 그리고 체력이다.

넷째, 자녀와 안정 애착이 맺어졌고 잘 통한다면 좋은 훈육의 준비가 된 것이다. 결국 훈육은 말과 행동으로 일상에서 하는 것이다. 뭔가 바꾸어야 한다면 따뜻하지만 단호하게 지시하자. 짧고, 정확하고, 구체적으로 지시하자. 명령도 아니고 사정도 아니다. 가끔 애걸복걸하거나 아이에게 오랜 시간 설득을 하는 부모를 보게 된다. '자기 전 양치, 던지지 않기' 같이 절대적으로 해야 할 것은 설득보다는 간결한 지시로 하자.

부모의 역할을 나누지 않는다

엄마는 놀이 담당, 아빠는 훈육 담당으로 역할을 나누지 않아야 한다. 가끔 놀이터나 마트에서 영상통화로 아빠나 어린이집 선생님께 전화를 걸어 문제를 해결하는 엄마를 보곤 한다. 그렇다면 엄마는 앞으로 아이에게 권위가 없어진다. 아빠, 엄마 둘 다 안정 애착과 소통 능력을 장착하고 있어야 한다. 부부가 정확하고 명확한 같은 규칙을 가지고 해야 할 것은 정확하게, 하지 말아야 할 것은 명확하게 아이에게 전달해야 한다. 그러니 부부가 육아에 대해 자주 대화하고 의견을 같은 결로 맞추어야 한다.

아이가 상처받을까 봐 단호하게 말을 못 하겠다는 분들이 있다. 애착과 소통 없이 단호하게 말하면 상처를 받을 수 있다. 그런데 평소 부모 자녀가 안정 애착 관계이고 대화와 마음이 통하면 따뜻하고 단호한 지시가 된다.

보풀 빨리 제거하는 방법, 떡볶이 맛있게 하는 비법처럼 방법과 기술로 훈육법을 마스터하고 싶다면 이 글은 매우 실망일 것이다. "그래서 어떻게 하라고?"라는 마음이 든다면 우선 오늘부터 체력을 기르기 위한 노력과 더불어 아이와 소통하는 시간을 갖기 시작하자. 걸어도 좋고, 운동을 해도 좋다. 아이와 놀아도 되고 그림을 그려도 된다. 아이와 매일 소통하다 보면 아이가 내 말에 귀를 기울이는 연습이 되고, 부모 역시 아이의 마음을 민감하게 알게 된다. 이런 시간을 다져가면서 해야 할 것과 하지 말아야 할 것을 정확하게 가르치자. 곧 따뜻하고 단호한 훈육을 경험하게 될 것이다.

아이와 어떻게 놀아줘야 할지 모르겠어요

"아빠가 안 놀아줘요."

"엄마는 조금만 놀아주고 혼자 놀래요."

"친구들이 안 놀아줘요."

"아무도 안 놀아줘서 심심해요."

놀이에 대한 말이 의존적이고, 수동적이다. 누군가 나와 놀아줘야만 놀 수 있다고 여기는 아이들이 자주 하는 말이다. 아빠도 엄마도 친구도 나와 놀아주어야 한다고 생각한다. 그러니 이런 원망을 자주 듣는다.

"놀아줘, 놀아줘. 놀아달라고! 나랑 놀아주지도 않고 흥!"

아이와 놀기가 힘든 부모들이 있다. 한참 논 것 같은데 시계를 보면 겨우 15분이 지났다. 그나마 15분도 채 지나지 않은 적도 많다. "아이와 노는 게 왜 이리 힘들까요?"라고 묻는 부모들도 많다. 이유는 여러 가지다. 부모님의 특성, 아이의 특성, 상호작용 능력, 놀이 취향 차이, 체력 등이다. 매일같이 놀아달라는 아이에게 할 수 없이 TV를 보여주거나 스마트폰을 쥐여주기도 한다. 그래야 놀아달라는 아이에게서 해방될 수 있기 때문이다.

아이와 즐겁게 놀려면

아이와 즐겁고, 재밌게 놀이를 하려면 전제 조건이 있다. 놀이의 주체성, 놀이의 즐거움, 놀이의 자율성, 놀이의 단계, 놀이와 인지발달 등 교과서에 나온 놀이의 개념을 설명하려는 것이 아니다. 그전에 미리 준비되어야 하는 것을 말하려는 것이다. 놀이가 즐거워지려면 아이는 부모가 나와 놀아 주어야 하고, 부모는 아이와 놀아 주어야 한다는 마음가짐이 아니어야 한다. '놀아준다'가 아닌 '논다'가 전제 조건이다. '놀아준다'는 놀기 싫은데 억지로 해주는 것 또는 의무의 개념이 은연중에 깔려있다. 반면 '논다'는 서로 주고받는 상호작용의 기념이다.

　아이와 놀 때 "아빠가 놀아줄게, 엄마가 놀아줄게"보다는 "아빠랑 놀자, 엄마랑 놀자"라고 말하길 권한다. 너도 나와 함께 노는 것이고 나도 너와 함께 노는 것이다. 아이를 위해 부모가 희생하는 것이 아니다. 그러니 부모도 아이와 노는 쪽으로 말과 마음을 바꿔야 한다. 가정에서 이런 대우(?)를 받아야 나가서 유치원이나 학교에서 친구와 노는 아이가 될 수 있다. 어떤 친구가 나와 놀아줄 것인가라는 수동적이고 의존적인 마음으로는 진정으로 놀기 어렵다. 놀이터에서도 놀아줄 친구를 찾는 것이 아니라 놀 친구를 찾게 될 것이다.

　또 한 가지 권할 것은 너무 많은 장난감은 지양하자는 것이다. 생일, 어린이날, 명절, 크리스마스에 선물 받은 장난감이 거실 한가득 발 디딜 틈도 없이 있는 집들이 있다. 거실뿐 아니라 집 안 곳곳이 아이 장난감으로 가득한 집도 많다. 장난감이 많은 집을 보면 새로운 장난감을 사서 3일 정도 바짝 놀고, 시들해지는 경우가 많다. 탐색하고, 조작하고 끝나는 것이다. 탐색하고 조작한 다음 역할 놀이도 하고, 상상 놀이도 해야 한다. 스스로 놀이를 만들기도 하고, 이미 있는 장난감들과 같이 연결해 놀기도 해야 한다. 한 가지 재료로 지져 먹고, 볶아 먹고, 쪄 먹고, 섞어 먹고 하는 놀이가 필요하다.

그러니 너무 많은 장난감보다는 몇 가지만 있는 것이 좋다. 재료가 많다고 맛있는 음식이 되지 않는 것처럼 장난감이 많다고 즐거운 것이 아니다. 기본은 있어야 하고, 누구와 어떻게 노느냐가 중요하다. 이미 너무 많다면 박스에 나누어 한 박스는 꺼내 놓고, 나머지 박스는 보관하자. 두어 달 지나 박스를 바꾸어 주는 식으로 장난감을 꺼내면 된다.

아이와 함께 놀이할 수 있는 시간은 한정되어 있다. 길어야 초등학교 고학년까지다. 사춘기 자녀들과 마주하고 대화하고 싶은 부모들을 많이 만난다. 억지로 아이와 놀아준다고 말하는 부모와 놀아달라고 조르던 아이는 사춘기가 되면 마주하고 대화하기 힘들다. 이유는 간단하다. 인생에서 주도성이 마구마구 성장하는 사춘기에 부모가 주도성을 가지고 마주했었던 아이들은 부모가 불편하다. 함께 논 경험이 많은 아이는 부모와 마주하면 함께 놀고, 함께 즐거웠던 기억이 있기에 단절을 피할 수 있다.

아이가 놀아달라고 요청하면 놀아주기보다는 부모가 아이에게 먼저 "놀자"라고 말하는 경험이 있었으면 좋겠다. 아이가 놀아달라고 하기 전에 부모가 먼저 "놀자"라고 말해보자. 그리고 진심으로 '놀자.'

좋은 아빠가 되는 방법이 있을까요?

'아빠의 육아 참여도'라는 말을 들었다. 주 양육자는 엄마고, 아빠는 육아를 돕는 사람이라는 인식이 바닥에 깔린 말이다. 과거의 인식이 아직도 남아 있는 것이다. 최근 아빠 육아는 당연한 분위기다. 그런데 좋은 아빠의 모델을 보지 못하고 성장한 사람이 아빠가 되어 마음은 앞서는데 방법이 미숙한 경우는 자주 본다. 좋은 아빠는 어떤 아빠일까? 한때 주말에 텐트를 싸서 아이들과 캠핑을 하면 좋은 아빠인 것 같은 때가 있었다. 또 자전거에 트레이를 줄줄이 엮어서 태우고 공원을 달리면 좋은 아빠의 모습으로 여겨지던 때가 있었다. 그런데 다시 생각해 보면 캠핑이 힘겨운 아빠도 있고, 자전거에 아이들을 태우고 달릴 체력이 안 되는 아빠도 있다.

좋은 아빠의 기준은 무엇일까? 20년간 아이들을 상담하면서 나름대로 기준이 만들어졌다. 여러 가지로 설명할 수 있지만 내가 생각하는 좋은 아빠는 한 마디로 집에서 좋은 아빠다. 이벤트로 한 번 아이들을 데리고 나가서 신나게 노는 아빠, 어쩌다 아이들을 데리고 거하게 여행을 떠나는 아빠보다는 집에서 좋은 아빠를 바란다. 매일매일 생활 속에서 좋은 모습을 보여주고, 반복되는 일상에서 친밀감을 느끼게 하는 아빠가 좋은 아빠라고 생각한다. 물론 나가서 놀고, 여행을 다니는 아빠도 좋은 아빠의 모습이지만 진정 좋은 아빠는 소소한 일상에서 좋은 모습과 친밀한 관계를 유지하면서 나가서 놀고, 여행해야 한다.

텐트 가지고 나가지 않아도 되고, 자전거에 트레이를 연결해서 달리지 않아도 좋은 아빠가 될 수 있는 5가지를 추천한다. 돈 들고 힘든 방법이 아니다. 생활 속에서 할 수 있는 것이다. 아동심리상담센터에서 아이들을 상담하면서 느낀 개인적인 의견임을 밝히고 시작한다.

아내에게 사랑을 표현하는 아빠

딸이 있는 아빠들이 미래의 사윗감에 대한 조건을 밝히면 매우 깐깐하다. 경제력, 집안, 외모, 종교, 학력 등등 나름의 기준이 많다. 그런데 모든 아빠가 공통으로 원하는 조건이 있다. 바로 내 딸을 어마어마하게 아껴주고 사랑해 주길 바라는 것이다. 바로 내 딸을 어마어마하게 아껴주고 사랑해 주길 바라는 정도를 기준으로 아내에게 표현하라고 한다. 아이들에게 부모가 서로 사랑하고 아껴주는 모습을 보여주는 것은 아주 중요하다. 안정감과 행복감은 전달된다. '마음으로 사랑하고 있는데 꼭 그렇게 표현해야 하나'라는 마음이 든다면 내 딸이 사랑의 표현 하나 없는 남자와 결혼해도 되는지 생각해 보자. 딸이 없다면 아들도 마찬가지다. 인간은 사랑을 주고받으며 안정감과 행복감을 느낀다.

아이에게 사랑을 표현하는 아빠

제발 잘 표현하자. 내 기준이 아닌 아이의 기준에서 사랑이라고 느끼게 표현해야 한다. 아이의 나이와 성향을 고려하자. 아들이라고 과격하고 세게 사랑을 표현하지 않아도 된다.

딸이라고 혀 짧은 소리를 낼 필요 없다. 그저 아이가 편안해 하는 방식을 찾자. 사랑의 표현으로 안아주어야 하는 아이가 있고, 먹여주어야 하는 아이가 있다. 같이 레슬링을 해야 하는 아이도 있고, 나란히 앉아 책을 읽으면서 사랑한다고 조용히 말해주어야 하는 아이도 있다. 아이가 느끼는 사랑을 잘 찾아 표현하자. 자녀의 나이를 고려하면 안정감과 행복감을 더 크게 전달할 수 있다. 예를 들어, 자녀가 36개월 이하라면 먹여주고 안아주고 토닥토닥하는 표현이 좋다. 말보다는 보이는 것이 크게 느껴지는 연령이기 때문이다. 조금 더 크면 언어로 표현하고, 선물을 건네고, 조금 더 크면 서로 좋은 표정으로 대화를 하고, 칭찬과 격려의 표현을 이해할 수 있다. 36개월 아이의 생일에 초코펜으로 '사랑해'라고 쓴 케이크를 손수 만들었다고 즐거워하는 아빠를 보며 안타까운 적이 있었다. 아빠의 자기만족과 SNS에 자랑하기 위한 사랑으로 보였다. 36개월 아이는 한글도 못 읽고, 케이크를 누가 만들었느냐에 감동하지 않는다. 차라리 아이와 까르르 소리 나게 웃고 노는 것을 더 큰 사랑으로 느낄 것이다.

집 안에서 능동적인 모습을 보여주자

상담센터에서 그림 평가를 할 때 아이에게 가족 그림을 그리게 한다. 그런데 소파나 침대에 누워만 있는 아빠를 그리는 아이들이 있다. 아이들은 집 밖의 아빠 모습을 모른다. 밖에서 일하는 아빠의 활기찬 모습을 알 수 없다. 그저 집 안에서 보이는 아빠의 모습으로 아빠를 판단한다. 아내의 부탁으로 쓰레기를 버리고, 밥 먹을 때만 일어나는 모습보다는 무엇인가 능동적인 모습을 보여주어야 한다. 육아를 도와주는 사람, 살림을 도와주는 사람보다는 가정 내에서 자연스럽게 살림을 하는 모습을 보여주자. 그래야 아내도 불만이 없고, 아이들도 눈치를 보지 않는다. 자연스럽게 아이들도 살림의 일부를 책임 있게 한다. 아이들은 보고 배우는 것이 많다. 물론 너무 피곤해 쓰러지는 날도 있다. 여기서 말하는 것은 습관적으로 안 하는 것을 말하는 것이다. 너무 바쁘고 힘들다면 욕실 청소, 쓰레기 버리기 등 한 가지만 정해서 하는 것도 좋다. 중요한 것은 자연스럽게 매일 조금씩 하는 것이다.

좋은 습관을 보여주도록 애쓰자

책을 읽는 습관, 말 습관, 인사하는 습관 등 교육보다는 생활 속에서 익혀지는 것들이 많다. 요즘은 스마트폰 습관도 포함된다. 지금 내 모습이 미래에 아이의 습관으로 탐탁지 않는다면 고치도록 애쓰자. 밥을 먹으면서 쇼츠를 보고 킥킥대는 아이에게 아빠는 "밥 먹을 때는 스마트폰 내려놓고 먹자"라고 말한다. 아들은 "아빠도 옛날에 내가 뭐 물어봐도 스마트폰 보면서 대답 안 해주셨잖아요"라는 말을 듣게 된다. 그리고 시간이 지나면 각자 스마트폰을 보면서 밥을 먹게 된다. 일상에서 아이들에게 좋은 습관을 보여주자.

아이와 단둘이 시간을 갖자

아이와 둘이 밥도 먹고 놀기도 하고 자기도 하는 둘만의 시간이 필요하다. 시간 내서 여행을 가는 것도 좋지만 일상에서 둘만의 시간을 보내길 바란다. 엄마 없이 둘이 눈을 맞추고, 마음을 맞추는 시간은 오래도록 기억에 남는다. 둘이 있으면 어색한 아빠가 아닌 친밀한 아빠가 되어보자.

결국 좋은 아빠는 매일매일 조금씩 되어가는 과정이다. 먼 훗날 나의 아빠여서 감사하다는 말을 기대해 보자.

아이들을 공평하게
대하는 게 힘들어요

'누구 간식이 더 많은가? 누구 과자가 더 큰가?'
"내 자동차 만지지 마."
"내가 아끼는 볼펜이야. 쓰지 마."

매일같이 싸우는 형제 사이에서 엄마는 목소리가 점점 커진다. 물론 자매도 싸우고, 남매도 싸운다. 사이좋게 놀다가도 툭하면 싸운다. 어느 때 보면 첫째도 짠하고 둘째도 짠하다. 둘이 나이도 다르고, 성향도 다르고, 성별도 다르니 부모 입장에서 난감할 때가 많다.

간식 시간에 연년생 아들 두 명에게 5개씩 똑같이 자두를 나누어 주었다. 첫째는 맛있게 다 먹고, 한두 개 더 먹고 싶다. 그런데 둘째는 3개 먹고 2개를 남겼다. 더 먹고 싶은 첫째가 둘째에게 남은 것을 달라고 한다. 둘째는 내 것이라고 주지 않았고, 첫째는 요령껏 뺏어 먹었다. 뺏긴 둘째는 울음을 터뜨렸다. 엄마는 왜 맨날 자기 것을 다 먹고 동생 것을 뺏어 먹냐고 첫째를 탓했고, 아빠는 왜 먹지도 않으면서 주지도 않냐고 둘째를 탓했다. 결국 간식을 먹고 둘 다 혼이 났다. 문제는 간식 먹을 때마다 비슷한 상황이 자주 벌어진다는 것이다.

첫째는 30kg이고, 둘째는 20kg이다. 당연히 먹는 양이 다르다. 왜 똑같이 주는 것일까. 간단하다. 적게 받은 아이가 난리가 나기 때문이다. 첫째에게 7개, 둘째에게 3개를 주는 것이 먹는 양에 맞는 배분이다. 이것은 주는 방법을 바꾸면 간단하게 해결된다. 처음부터 첫째에게 7개를, 둘째에게 3개를 주면 먹기도 전에 둘째가 억울할 것이다. 그렇다면 이렇게 해보자.

처음에 둘 다 2개씩 주면서 다 먹고 더 먹고 싶으면 더 먹을 수 있다고 알린다. 첫째는 2개를 먹고 더 먹고 싶다고 한다. 다시 2개를 주면서 똑같이 말한다. 둘째도 더 먹고 싶다고 한다. 2개를 주면서 "더 먹고 싶으면 더 먹으렴. 그런데 남으면 다시 가지고 오렴"을 꼭 전한다. 곧 첫째는 더 먹고 싶다고 했고, 둘째는 1개를 남겼다. 결국 첫째가 7개를, 둘째가 3개를 먹었다. 그리고 누구도 혼나지 않았다. 둘째가 충분히 먹은 상태에서 첫째가 더 먹는 것은 처음부터 7개, 3개를 주는 것과는 다르다. 이것이 공평 육아다.

양보와 배려에도 연습이 필요하다

둘째가 첫째 장난감을 만지면 첫째는 가지고 놀지도 않으면서 어디선가 달려와 잽싸게 뺏는다. 빼앗긴 둘째는 울음을 터뜨린다. 엄마는 첫째에게 가지고 놀지도 않으면서 동생이 만지려고 하면 뺏는다고 나무란다. 아니면 동생 한 번만 만지게 해주자고 부탁한다. 문제는 이런 일이 하루에도 몇 번씩 일어난다는 것이다.

첫째는 6살이고, 둘째는 3살이다. 첫째가 둘째보다 생일, 어린이날, 크리스마스, 설날이 많았으니 당연히 장난감이 훨씬 많다. 둘째는 이제 막 딸랑이와 아기 체육관을 떼고, 본격적으로 장난감의 세계에 입문했다. 거실에 신기한 것들이 많다. 첫째를 따라 유튜브 영상에서 보던 것들도 있고, 광고에서 보던 것들도 눈에 띄기 시작한다. 그동안 아기라 몰랐는

데 이제 이것저것 만지고 싶은 것들이 생겨난다. 그런데 만져보려고 하면 잽싸게 빼앗긴다. 안 뺏기려고 꽉 잡았다가 넘어지기도 하고 한 대 맞기도 한다. 엄마는 우는 동생을 달래면서 첫째에게 왜 때리느냐고 혼내고, 아빠는 사이좋게 같이 가지고 놀아야 더 사줄 수 있다고 한다.

필자는 외국에서 생활할 때 놀란 것이 있다. 만나본 몇몇 외국 가정은 첫째가 동생이 자기의 장난감을 만져도 뺏지 않았다. 왜일까. 몇 번 방문해 보고 이유를 알았다.

우리나라의 가정을 방문해 보면 대부분 아이의 장난감, 책, 액세서리들이 거실에 한가득 있다. 첫째의 로봇, 둘째의 자동차들이 바구니에 가득가득 담겨 있었다. 거실만 봐도 아이의 성별과 나이를 대충 알 수 있을 정도로 많았다. 그런데 방문해 본 외국 가정은 거실에 큰 미끄럼틀이나 시소 같이 부피가 큰 것들만 보이고 자잘한 장난감들은 없었다. 첫째와 둘째가 각각 방이 있고 각자의 장난감, 책, 액세서리들이 나누어져 있었다. 보이니까 만지는 것이지 안 보이면 안 만진다.

그리고 부모는 첫째의 방에 노크하고 허락하면 들어간다. 들어가서 손가락으로 장난감을 가리키고 자신의 가슴을 가리키는 행동과 함께 빌려달라고 말한다. 첫째가 "No"라고 허락하지 않으면 쿨하게 "OK" 하고 넘긴다. "Yes"라고 하면 고맙다고 표현하고 조심히 잘 가지고 놀겠다고 말한다. 허락할 때만 장난감을 가지고 노는 모습을 둘째에게 모델링해주는 것이다. 방에 들어갈 때 노크하고 장난감을 빌려달라고 허락을 구하는 행동과 말, 허락과 거절했을 때의 태도, 허락했을 때 고마움을 표현하는 모습, 돌려주는 모습을 수시로 둘째에게 보여준다.

둘째는 부모가 보여준 모습을 보고 장난감을 만지고 싶을 때 하는 행동이 무엇인지 알게 된다. 허락을 구하고, 조심히 가지고 노는 것을 따라 한다. 물론 첫째도 둘째의 장난감을 만질 때 과정은 같다. 허락도 없고, 예측도 없이 만지니 뺏는 것이다. 내 장난감을 만질 것이라는 예측과 의견을 말할 기회를 주어야 한다. 방이 없으면 거실에 장난감 캐비닛이 나누어져 있다. 공간과 소유의 분리, 허락과 고마움의 표현, 다른 사람의 물건이니 조심히 다뤄야 함을 배우는 것이다.

어린이집, 유치원, 학교에서는 친구들에게 양보도 잘하고, 배려도 잘하는데, 왜 집에서는 형제들과 싸우는 걸까? 이유는 간단하다. 기관에서는 누구도 나의 색연필을 사용하지 않기 때문이다. 누구도 나의 물건을 허락 없이 만지지 않는다. 각자 사물함에 자기 색연필이 있고, 선생님께 남의 물건을 만질 때는 허락을 구해야 한다고 배운다. 혹자는 가족끼리

삭막하게 무슨 허락이냐고 할 수 있다. 그런데 공용으로 같이 사용할 수 있는 마음이 생기기 전에 서로를 미워하게 될 수 있다. 너무 자주 싸우는 아이들을 들여다보면 서로에 대한 불만이 쌓여있는 경우가 많았다. 부모에 의해 가족이 되었고 한집에 살게 되었다. 처음부터 사이좋긴 어렵다.

마음이 친밀해지고, 소유를 나누기 위해서는 시간과 준비가 필요하다. 그 시간 동안 부모가 보여주어야 할 것은 좋은 관계를 유지할 수 있게 돕는 모습이다.

몇 살부터 따로 재울 수 있나요?

4세 이하의 부모님들은 기저귀를 떼는 시기, 아이의 언어 발달 수준, 어린이집 입학 시기, 동생에 대한 질투, 좋은 유치원 선택 기준, 한글 시작 시기, 친구 관계 등의 질문을 자주 한다. 그중에 분리 수면에 관한 질문이 가장 많다.

"몇 살부터 따로 잘 수 있나요?"

신생아 때부터 현재까지 한 방에서 같이 자고 있고, 곧 따로 자고 싶은 분들이 하는 질문이다. 근래에 들어 아예 신생아 때부터 따로 자는 가정이 늘고 있지만, 아직은 신생아 때는 같이 자다가 5~7세 무렵부터 분리 수면을 시도하는 것이

보편적인 듯하다. 이 질문을 받으면 현재 잠자리 형태에 대해 다시 묻는다.

"저랑 아이랑 둘이 자고 남편이 따로 자요."

"온 식구가 다 같이 한 방에서 자요."

"처음에는 다 같이 자다가 둘째 생기면서 첫째는 아빠랑 자고 저는 둘째랑 자요."

"제가 애 둘 다 데리고 자고 남편만 따로 자요."

어쨌든 부모와 자녀가 따로 자는 것이 목표다(부부가 따로 자는 것은 각자 스타일이다. 이 글의 중심은 자녀가 부모와 따로 자는 것에 있다). 잠자리를 분리하는 것은 아이마다 가정마다 상황이 다르다. 형제의 유무, 같은 나이지만 발달 수준, 아이의 성향, 부모의 성향, 집 구조 등 여러 가지 변수가 있다. 그래서 딱 몇 살이라고 답을 주기 어렵다. 하지만 공통으로 살펴봐야 하는 것들이 있다.

바로 분리 수면을 시작하는 시기이다. 어느 정도 커서 잠자리를 분리한다는 것은 독립의 영역과 관련이 있다. 추천하는 시기는 화장실 문제가 해결된 다음에 시작하자고 한다. 기저귀를 떼고, 우리 집 화장실에 혼자 못 가는 시기가 있다. 기저귀를 떼고 한동안은 부모의 도움을 받아 화장실에서 용변을 본다. 그런데 시간이 지나면 마려움을 느끼고 화장실에 가서 옷을 벗고 용변을 보고 어설프나마 뒤처리를 하고 나온다. 이 과정이 놀랍지 않고 자연스럽게 자리 잡은 후에 잠자리 분리 시도를 하자고 한다. 개인적으로 생각하는 독립의 기준 중 하나이다. 밤에 화장실 문제로 계속 부모를 찾지 않는 것이 습관이 되어야 분리하기 쉽다.

만약 어린이집이나 유치원, 학교에 다닌다면 3~4월 입학 시기나 8~9월 개학 시기보다는 6월과 12월 학기가 마무리되어 가고 방학으로 들어가는 때를 추천한다. 입학 초와 학기 초는 긴장감이 높아지는 시기이기에 피하길 권한다. 잠자리 분리를 시도할 때 잠드는 시간이 늦어질 수도 있다. 다음 날 늦잠을 자도 되는 방학이면 부모도 다음 날 기상 시간에 대한 부담이 적다. 잠자리 분리의 실패 원인 중 하나는 늦게 잠들고 다음 날 일어나기 힘들어 분리를 시도했다가 다시 같이 자게 되는 경우다.

분리 수면 공간의 준비

아이가 분리되어 자는 공간에 대해 어떻게 느끼고 있는지도 살펴보아야 한다. 보통 아이 방이 만들어져 있지만 대부분 거실에서 생활하다가 안방에서 자는 경우가 많다. 낮 동안 놀이도 거실에서, TV도 거실에서, 간식도 거실에서…. 주로 거실 생활을 한다. 그러니 아이의 장난감, 책, 간식이 거실에 많다. 아이의 물건은 이 방, 저 방 심지어 주방에도 있다. 잠자리 분리를 원한다면 온 집에 퍼져 있는 아이의 물건을 한곳으로 모으자. 즉 진정한 아이 방을 만들어야 한다. 그리고 낮 동안 대부분 그 방에서 생활해야 한다. 종일 거실에서 생활하다가 잠만 내 방에서 자면 어색하고 무섭다. 집 안 곳곳에 있는 아이의 물건을 잘 정리해서 아이 방을 만들자. 만들어진 내 방에서 놀이도 하고, 책도 읽고, 간식도 먹으면서 익숙해져야 한다. 점차 내 방의 느낌이 좋아져야 한다. 내 방이 편안하고 기분 좋은 정서가 유지되는 공간이 되어야 한다. 잠자리 분리는 몇 개월 전부터 준비하는 것이 좋다. 안정된 정서에는 시간이 필요하다. 방의 냄새, 방의 공기, 방의 느낌과 친해져야 한다. 외출 후 집에 돌아와서 대부분의 시간을 내 방에서 생활하는 것이 자연스럽다면 준비가 된 것이다.

  우리 집 화장실에 자연스럽게 혼자 가고, 낮에 자연스럽게 내 방에서 생활을 많이 한다면 이제 실전으로 들어가자. 아이 방에서 부모가 함께 자면서 내 방에서 자는 것에 대해 익숙해져야 한다. 이때 한 이불보다는 딴 이불을 추천한다. 부모의 온기, 엄마의 살, 엄마의 머리카락, 팔베개 등을 잠드는 수단으로 사용하면 실패 확률이 높다. 따라서 바다필로우, 이불, 인형, 음악, 옛날이야기 등 다른 감각을 이용해야 한다. 아이 방에서 각자의 이불을 덮고 잠자길 한 달 정도 했다면 다음은 아이가 잠들면 나오자. 나올 때 이불을 가지고 나와야 한다. 엄마의 잠자리는 내 옆이 아닌 다른 방에 있다는 것을 알아야 하기 때문이다. 물론 잠들면 나간다는 것을 아이에게 미리 알려야 한다. 안심의 말과 격려의 말 또한 필수다. 이 단계가 되면 아이가 새벽에 엄마, 아빠가 있는 방으로 올 수 있다. 이때 함께 안고 자기보다는 아이 방으로 가서 재워주고 다시 나와야 한다. 이 기간이 길면 실패 확률이 높다. 따라서 급하지 않게 준비가 철저히 잘 되었을 때 시작하자.

아이의 독립성을 키워주자

겨울에는 추워서 다시 한 방, 여름에는 더워서 에어컨 켜고 다시 한 방에서 자면 잠자리 분리가 된 것도 아니고, 안 된 것도 아니다. 분리했다면 난방과 냉방기구에 대해서도 준비가 되어야 한다. 아이의 자율성과 독립성을 위해 잠자리를 분리하는 것이다. 격려는 필수다. 따로 자니 몸이 너무 편하다는 식의 말은 아이가 서운하다. "이제 혼자서 잘 만큼 많이 컸구나" 하고 격려하며 응원해야 한다.

분리 수면을 준비할 때 주의할 점이 있다.

첫 번째는 바디필로우를 산다면 언제나 살 수 있는 평범한 것이 좋다. 한정품은 다시 구매하기 어렵기 때문이다. 두 번째는 아이 방을 꾸민다면 가구를 새로 사도 되지만 침구는 쓰던 것을 추천한다. 세 번째, 아이 방이 있는데 아직 사용 전이라고 안 쓰는 선풍기, 제습기 등을 넣어 창고처럼 쓰지 말자. 문 열고, 환기하고 들어가서 간식도 먹는 등 사용하는 공간으로 인식되어야 한다. 네 번째, 아이의 불안감이 매우 높다면 잠자리 분리보다는 낮 생활의 안정된 분리가 먼저다. 다섯 번째는 시도하고 실패하고, 시도하고 실패하고를 반복할 바에는 준비를 잘하고 천천히 시도하자. 일단 한 방의 다른 이불에서 자기, 패밀리 침대 분리하기 등으로 시작해 보자.

영상이 없으면
밥을 먹지 않아요

 아날로그식 관계 육아를 실천하기 가장 좋은 곳은 바로 식탁 앞이다. 동시에 아날로그식 관계 육아를 하기 가장 어려운 곳이기도 하다. 식탁 앞에서 아날로그로 관계를 형성했다면 다른 곳에서는 훨씬 쉬울 것이다.
 언제부턴가 식당에서 스마트 기기에 눈을 떼지 못하고 입으로 들어오는 음식을 받아먹는 아이들을 자주 보게 되었다. 한두 테이블이 아니다. 음식이 나오기 전 아이가 있는 집 열에 아홉은 식탁 위에 영상이 틀어져 있다. 두 돌 정도 되는 아이들부터 초등학생까지 거의 다 영상을 보고 있다. 음식이

나오면 아이들은 여전히 영상을 보고 있고, 부모님은 아이들 입에 한 숟가락씩 먹여주면서 식사를 한다.

사실 스마트 기기로 영상을 보여주면서 외식을 하는 부모님의 상황을 모르는 것은 아니다. 육아로 몸이 고단하고, 심적으로 여유가 없다는 것을 이해한다. 외식할 때 아이들이 돌아다니고 큰 소리를 내면 주변 사람들에게 피해가 가고 미안한 상황이 생기는 것도 이해한다. 그래서 아닌 줄 알면서도 영상을 틀어준다는 것도 알고 있다. 그런데 아쉬운 마음이 크다. 서로의 얼굴을 마주보고 대화하면서, 음식의 냄새도 맡아보고, 예쁜 모양도 보고, 숟가락으로 음식을 떠서 맛을 보는 등 오감을 이용해 먹었으면 하는 아쉬움이다.

"무엇이 가장 맛있어 보여?"

"음~ 고소한 냄새가 난다."

"지난주 식당에서 먹은 고기랑 비슷한 모양이네."

"숟가락으로 집어보자."

"어떤 맛이야?"

이런 다양한 상호작용을 하면서 식사를 하려면 시간이 오래 걸리고, 부모가 많은 힘을 쏟아야 한다. 미디어 영상을 보여 줄 때보다 손이 많이 가고 인내도 해야 한다. 힘든 부분임에도 감히 부모들께 요청한다. 다른 곳에서 힘을 아껴 외식

할 때 눈을 마주하고 대화하며 밥을 먹길 바란다. 첫째는 아빠 스마트폰, 둘째는 엄마 스마트폰을 보면서 입으로 밀려 들어오는 음식을 기계처럼 그저 씹고 있는 아이들을 보면 마음이 무겁다. 함께 둘러앉아 식사하며 마음을 나누고 음식을 나누는 경험은 중요하다. 미국의 소아청소년과 학회의 미디어 노출 사항 가이드 중 수면과 식사, 부모와의 놀이 활동 시간에는 전자기기를 금한다는 조항이 있다.

또 다른 아쉬움으로는 미디어 기기의 볼륨이 제로가 아니라는 것이다. 영상의 소리를 비교적 크게 하고 보는 가정들이 있다. 소리가 작으면 아이가 짜증을 내니 아이의 짜증을 잠재우기 위해서 볼륨을 올리는 장면을 보게 된다. 솔직히 아주 작은 소리라도 옆 테이블에 방해가 될 수 있다. 앞서 스마트폰 예절에서 말했듯이 지하철에서 볼륨을 크게 하고 게임을 하는 교복 입은 학생들을 자주 본다. 주변에 사람들이 눈살을 찌푸리며 학생을 쳐다본다. 학생은 사람들의 눈총에 아랑곳하지 않는다. 공공장소에서 나의 볼륨이 남에게 피해가 된다는 것에 대해 교육이 안 된 것이다. 공공장소에서 영상을 봐야 한다면 볼륨 제로(작은 소리도 안 됨) 또는 이어폰을 사용해야 한다는 교육이 필요하다. 물론 식당에서는 안 보는 것을 가장 추천한다. 서로의 얼굴을 보자.

이미 영상을 보는 것에 익숙해졌다면

영상을 안 보여주면서 외식하고 싶은데, 이미 영상과 함께하는 외식이 당연한 듯 자리 잡았다면 다음과 같은 방법을 추천한다. 부모도 아이도 연습이 필요하다.

① 나와 배우자의 에너지가 빵빵한 날을 스마트 기기 없는 외식의 날로 정한다.
② 방이 있는 식당으로 선정한다. 이유는 영상을 보여 달라고 조를 때 주변에 사람이 있으면 보여주고 싶기 때문이다.
③ 차에 스마트 기기를 두고 내린다. 아예 차단하는 것이다. 부모도 안 봐야 한다. 이때 미리 결제할 수 있는 카드를 챙겨야 한다.
④ 메뉴는 아이들이 좋아하면서 빨리 나오고 먹기 쉬운 음식이 좋다. 집집마다 다르겠지만 고기보다는 돈가스, 찌개보다는 면처럼 아이 입맛에 맞는 메뉴로 정한다.
⑤ 스티커, 자동차, 책 등을 준비하되 음식이 나오기 전에 사용한다.
⑥ 음식이 나오면 '함께 먹는 것'에 집중한다.

한두 번이 어렵지, 크게 결심하고 실행하면 할 수 있다. 물론 인내가 필요하다. 보여주면 편한데 유혹을 이겨내야 한다. 식당에 들어갔는데 아이가 있는 집 열에 아홉이 영상을 보지 않고 함께 밥을 먹는 풍경이 자연스러워지길 바라본다.

화 내고 싶지 않은데 자꾸 화가 나요

아이가 돌 무렵 첫발을 떼며 걷기를 시작하는 때 부모들은 뭉클하다. 그 후로 아이가 크면서 그런 감격의 순간은 계속 있다.

스스로 양말을 신고 보여주는 순간
스스로 단추를 잠근 순간
스스로 신발을 신은 순간
혼자 샤워를 하고 나오는 순간
혼자 편의점에 다녀오는 순간

조금만 크면 당연한 것들이 처음엔 스스로 해내서 신통방통한 것들이 있다. 4세 이하의 영유아기는 손길 육아다. 아이를 키우는 데 손이 많이 간다. 먹고, 씻고, 입고, 재우는 등 생활의 모든 부분에서 부모의 손이 필요하다. 부모의 손은 이리저리 바쁘고, 누군가 손 하나 보태주면 매우 고맙다. 그러니 4세 아래 아이를 기르는 엄마들의 겉모습은 정신이 없다. 머리는 모자를 쓰거나 질끈 동여매고, 무조건 편한 옷으로 입는다. 가방도 패션과 상관없이 기저귀, 물티슈, 먹을거리, 놀거리, 갈아입을 옷들이 다 들어가는 보부상 가방을 멘다. 아이에게 손을 많이 쓰니 자신에게 신경 쓸 손이 없는 것이다. 손을 많이 쓴다는 것은 몸을 많이 쓰는 것이다. 여기저기 아프고, 힘들다. 그래서 손길 육아가 오래되면 양육자의 화가 늘어난다.

손길 육아에서 눈길 육아로

화를 내지 말고 시간이 지나면 얼른 눈길 육아로 바꾸자. 5살이 되면 손길 육아에서 눈길 육아로 바꾸어야 한다. 이제 4세 때처럼 손으로 다 해주는 것이 아닌, 눈으로 보고, 말로 하는 육아를 해야 한다. 예를 들어, 화장실에 가고 싶다고 하면 4세 때는 아이와 함께 화장실에 가고 옷을 내려주고 변기에 앉혀 주었다면, 5세가 되면 화장실에 다녀오라고 말을 해주면 된다. 아이마다 발달 속도가 다르니 5살이 되어도 옷을 내려줘야 할 수도 있다. 그렇다면 변기에는 혼자 앉아야 한다. 그리고 점점 모든 것을 스스로 할 수 있게 기회를 주어야 한다.

포인트는 서서히 손을 떼는 것이다. 자조 기능은 부모가 손길을 떼고, 눈으로 바라보고, 기다리고, 응원하면서 시작된다. 문제는 아이의 어설픈 시작을 봐주기 힘든 부모들이다. 분명 화장실에서 나온 옷매무새는 엉성할 것이다. 손도 깨끗이 닦았을 리 없다. 그러니 내가 해줘야지 하는 마음이 든다.

부모는 손길을 떼려고 하는데 아이가 "해줘! 해주세요"를 반복하며 거부하는 예도 있다. 때로는 떼가 나기도 하고, 울기도 한다. 부모의 손길이 편해서 그럴 수도 있고, 혼자 하는 것이 두려운 아이도 있다. 아이의 속도와 성향에 맞게 격려하고, 천천히 혼자 할 수 있게 알려주어야 한다. 솔직히 해주면 속은 편하다. 그러나 아이의 미래를 위해 자립의 기회를 주는 과정이 꼭 필요하다.

표정과 말투에도 신경을 쓰자

눈길 육아는 말을 많이 하게 된다. 말투, 말하는 사람의 표정, 대화의 느낌이 중요하다. 스스로 혼자 하게 하려면 돕는 말투와 응원하는 시선이 필요하다. 그런데 점점 명령어나 지시어가 되기 쉽다. 또는 아기를 대하듯 혀 짧은 소리나 혼자 해보라고 사정하는 말투가 되기도 한다. 아이가 크는 속도에 맞추어 부모도 커야 한다. 간혹 지하철에서 초등학교 저학년 정도 된 자녀에게 어린이집 선생님 같은 말투를 사용하는 부모를 본다. 아이의 성장에 맞추어 손길 육아에서 눈길 육아로 바뀌면서 말투와 표정 역시 바뀌어야 한다. 5세부터 부모에게 필요한 것은 아이가 어설프고 마음에 안 들게 해도, 대신 해주기보다는 지켜볼 수 있는 인내와 기다림, 돕는 말투와 응원하는 표정이다.

돕는 말투와 응원하는 표정이 잘 생긴다면 마음길 육아로 자연스럽게 흐르게 된다. 7세에 마음길 육아로 흐르지 않으면 미운 7세를 톡톡히 경험하게 된다. 반항하는 듯한 말, 불만 가득한 마음을 태도로 여과 없이 표출한다. 손길 육아에서 눈길 육아, 다음은 마음길 육아다. 앞선 내용에 있듯이 7세는 판단이 되는 때다. 마음이 통하면 반항하는 말, 불만 가득한 마음을 대화로 해결할 수 있다. 마음을 보아야 한다. 겉으로 보이는 행동과 말이 아닌 마음에 초점을 맞추어야 한다. 예를 들면, 책을 읽기 싫은 아이에게 책을 읽자고 했다. 아이는 읽기 싫은 마음에 삐딱하게 앉아서 툴툴대는 표정으로 책을 읽는다. 어떻게 말해야 할까?

"똑바로 앉아서 읽어!"

삐딱하게 앉은 아이를 보자마자 자세를 지적하는 말이 바로 나온다. 그럼 아이는 반항하는 말이 나오거나 불만 가득한 표정으로 짜증을 표현하게 된다. 큰소리가 나고 감정이 상한다. 이런 일이 일상에서 반복적으로 일어난다. 대화의 흐름을 마음길 육아로 바꾸자. 돌아보면 읽기 싫은데 그래도 부모의 말에 책을 편 것이다. 그 마음을 먼저 보자.

"책 읽기 싫은 마음이었는데, 엄마가 읽자고 하니까 책 펴고 읽어주니 고마워."

마음길 육아가 시작되면 아이도 부모의 마음을 본다. 그리고 곧 마음이 통하는 순간을 느낄 수 있다. 마음길 육아를 하려면 손길 육아에서 눈길 육아로 잘 지나와야 한다. 7세가 되도록 옷 입혀주고, 신발 신겨주는 손길 육아를 하고 있다면, 몸이 지쳐서 아이의 마음을 보기 어렵다. 눈길 육아를 하고 있다면 아이의 삐딱한 자세와 삐쭉삐죽한 표정만 보인다. 당연히 지적하는 말을 하게 되고 아이의 마음을 보기 힘들다.

아이들은 자라면서 자연스럽게 스스로 하는 것들이 많아진다. 때로는 이것이 서운해 아이가 할 수 있는 것도 해주는 부모를 본다. 못 미더워서 해주는 부모도 있고, 안쓰러워서 해주기도 한다. 그러다 급기야 중학생 자녀의 머리를 감겨주는 부모도 있고, 고등학생 자녀의 학원 교재를 일일이 가방에 챙겨주는 부모도 봤다. 이런 손길은 결국 아이와 부모를 더 힘들게 한다. 아쉽고 못 미덥더라도 응원하고 격려하면서 손을 떼야 한다. 그리고 결심하자. 손길을 줄이고, 눈길과 마음길을 열자.

아이랑 무슨 대화를
해야 할지 모르겠어요

"커피숍에서 딸이랑 친구처럼 수다 떠는 게 로망이에요."
"아들이랑 차 한잔하면서, 깔깔깔 웃는 날을 기다려요."

현실은 커피숍에서 딸은 영상을 보고 엄마는 SNS를 한다. 아들은 스마트폰으로 게임하고 엄마는 사진을 찍는다. 왜 아이랑 대화하기가 힘들까? 수다를 떨기 위해 커피숍에 와서 마주 앉았지만 아이는 대화 주제에 집중을 안 하고 다른 말을 하거나, 묻는 질문에 답을 안 한다. 또는 아이가 좋아하는 게임 이야기만 한다. 들어주다가 부모가 하고 싶은 말을 하면 대화의 흐름이 끊긴다. 대화를 이어가기 위해 애쓰다가 곧 각자 할 일을 하게 된다는 말을 많이 들었다. 수다 떠는 로망이나 깔깔깔 웃고 싶은 소망을 이루려면 어떻게 해야 할까? 어렵지 않다. 포인트는 대화 내용과 대화 위치다.

브런치 카페에서 수다 떠는 엄마들의 모습을 멀리서 바라보면 재밌고 즐거워 보인다. 웃다가 울다가, 진지하다. 때로는 눈물이 나기도 하고, 감정이 격해서 씩씩대기도 한다. 그러다 아이들이 올 시간이 되어 아쉽게 헤어진다. 다음 날, 비슷한 장면을 또 볼 수 있다. 커피 한잔 마시면서 오래, 즐겁고, 진지한 대화를 한다. 그런데 내용을 들어보면, 옆 동 아는 엄마가 늦둥이로 셋째를 가진 이야기, 어느 유치원 원장님이 자주 바뀐다는 이야기, 동네 맛집이 문을 닫아서 아쉽다는 이야기, 자신들의 출산 히스토리, 시댁 이야기다. 다음 날도 그다음 날도 비슷한 내용이다. 그리 중요하거나 중대한 주제는 아니지만, 너무 재미있어서 아쉽게 헤어진다. 남편한테 물어보니 남자들도 전기차 이야기, 골프 이야기, 군대 이야기, 상사 이야기, 축구 이야기 등 비슷하다고 한다. 이상하다. 왜 아이와는 재밌고, 웃기고 진지한 대화가 어려울까?

부모와의 대화가 재미없는 아이들

"유치원에서 선생님이 뭐라고 하셨어?"

"점심에 뭐가 제일 맛있었어?"

"자유 놀이 시간에 누구랑 뭐 하고 놀았어?"

"유치원 활동 중에 뭐가 제일 재미있어?"

부모는 대부분 아이 일상의 궁금한 점들을 묻는다. 아이는 처음엔 대답을 곧잘 하지만, 몇 분 지나면 시큰둥하다. 심지어 오늘 키즈노트 속 오늘의 점심에는 감잣국이라고 쓰여있는데 미역국이 맛있다고 대답한다. 아이들이 이런 물음에 대답하기 싫은 이유는 어제도 받은 질문이고, 오늘도 받은 질문이기 때문이다. 기억을 더듬어 보면 아이가 어린이집에 처음 다녔을 때부터 지금까지 질문의 레퍼토리가 비슷하다. 매일 뭐 먹었는지, 누구랑 놀았는지, 선생님이 뭐라고 말씀하셨는지 확인하는 질문이다. 아이들은 지겹거나 귀찮다.

눈맞춤 대화가 아니어도 괜찮아요

아빠가 엄마한테 반한 이야기, 엄마가 아빠랑 결혼한 이유, 재미있는 드라마, 엄마랑 이모랑 옷 때문에 싸운 옛날이야기, 아빠가 사고 싶은 자동차 이야기, 요즘 최애 과자 이야기, 엄마가 열광했던 연예인 이야기에 관해 아이와 대화를 하자. 마치 군대에서 축구 한 이야기를 하는 느낌으로 말이다. 옆 동 아는 엄마가 늦둥이 셋째 가진 이야기를 하는 느낌도 괜찮다. 길지 않아도 된다. 5분에서 15분 내외로 수다를 떨자. 아이들에게 15분은 상당히 긴 시간이다. 매일매일 쌓이면, 의미 있는 시간이다.

 자려고 누우면 말을 잘하는 아이들이 있다. 그래서 뭔가 아이에게 궁금한 것이 있으면 자기 전에 살살 긁어서 알아내려고 한다. 문제가 있는 것은 아닌데, 불 끄고 누워서만 대화가 된다면 언젠가 따로 잘 때는 이야기를 할 수가 없다. 환한 낮에도 대화가 잘 된다면, 굳이 자기 전에 의도적으로 접근하지 않아도 될 것이다. 또, 형제가 있다면 변수가 생기기도 하고, 아이가 피곤해서 일찍 잠들 수도 있다.

 눈 맞춤은 어려움이 없지만, 눈 맞춤 대화가 어려운 아이들이 있다. 마치 엄마나 아빠가 "여기 앉아 봐. 할 말 있어"라고 말하면 왠지 뭔가 잘못한 것 같은 느낌이 든다. 그렇다면 '눈 맞춤 대화'보다는 '어깨 맞춤 대화'를 권한다. 마주보고 앉아 각 잡고 하는 대화는 긴장되고, 집중이 어렵지만, 걷거나 같이 누웠을 때 말하기 편한 아이들이 있다. 나란히 앉아서 손으로 무엇인가 하면서 대화하면 더 좋다. 예를 들어, 같이 나란히 앉아서 뜨개질하면서 대화를 하는 것이다. 함께 레고 만들기(같이 한 작품이 아닌 각자 자기 것을 만드는 것), 퍼즐하기, 컬리링 북 색칠하기 등이 있다. 아이 수준에 맞는 것으로 해야 한다.

필자는 레몬청을 만들면서 아이들과 대화를 할 때 두런두런 이야기가 잘 이어졌다. 레몬을 잘라서 아이들에게 주면, 씨를 뺀다. 유리병에 씨를 뺀 레몬과 설탕을 번갈아 넣으면서 자연스럽게 대화를 하게 된다. 유치원에서 어떤 친구가 몇 층에 사냐고 물어봤다는 이야기, 가장 높은 곳에 사는 친구 이름, 아빠랑 엄마가 싸워서 속상하다는 이야기를 들었다. 묻지 않아도 저절로 알게 되었다. 어느 날은 꼬마 김밥을 싸면서 옛날에 김밥이 천 원이었다고 말하니, 그럼 그때 새우깡은 얼마였냐, 버스비는 얼마였냐, 아이스크림은 얼마였냐 하는 대화가 오가기도 했다. 전혀 예상치 못한 길로 말이 이어지는 경험을 자주 했다.

다양한 주제로 자연스럽게 이어지는 대화가 참 재미있다. 마치 브런치 카페에서 동네 엄마들과 대화하는 느낌이 난다. 시간 가는 줄 모르고 대화가 이어진다. 아이의 하원 시간이 되어 다음 수다 날을 기약하며, 아쉽게 헤어지는 경험을 해본 사람은 알 것이다. 아이와도 아쉽게 내일 이어서 이야기하기로 하고, 서둘러 레몬청 작업을 마무리하게 된다.

손으로 무엇인가 하면서 수다를 떨며 알게 된 것이 있다.

아이들도 유치원에서 서로 수다를 떤다는 것이다. 자동차 놀이를 하면서, 블록으로 집을 지으면서, 역할 놀이를 하면서 자연스럽게 대화를 한다. 부모와 대화가 익숙하고 재미있다면, 조금씩 눈 맞춤 대화도 가능해질 것이다.

상담하면서 만나는 초등학생들의 말을 빌리자면, 엄마의 질문을 듣고 있으면 다정하게 말하고 있지만, 내가 학교생활을 잘하고 있는지 감시한다는 느낌을 받는다고 한다. 아빠의 질문에 대답하면서는 만날 왜 같은 질문을 하는지 이상하다는 생각을 한다고 한다. 아이들이 말을 안 해서 그렇지 다 느끼고 있다. 다정한 감시, 친절한 지켜봄이 아이가 부모랑 대화할 때 느끼는 감정이라면, 사춘기가 되어 멀어지는 것은 당연한 결과다. 숙제를 확인하는 말, '양치해라, 씻어라'와 같은 지시의 말, 내일의 스케줄을 체크하는 말 같은 대화는 중요하다. 그런데 이런 말만 하면 부모와의 대화가 점점 하기 싫어진다.

대화의 내용과 대화할 장소를 준비해 시간 가는 줄 모르게 재미있는 수다를 떨면, 묻지 않아도 아이가 무엇을 먹고, 누구랑 놀았는지 저절로 알게 될 것이다. 의도치 않게 아이의 마음도, 요즘 고민도 저절로 알게 될 것이다. 눈 맞춤 대화가 될 때까지, 어깨 맞춤 대화로 바탕을 만들자.

먹이는 것 때문에
식사 때마다 전쟁이에요

 상담을 하다 보면 먹는 것으로 힘든 집이 많다. 안 먹으려는 아이와 한 숟가락이라도 더 먹이려는 부모와의 씨름은 끝나지 않는다. 먹는 데 관심이 없는 아이를 보면 애가 탄다. 또래보다 한참 작아 한두 살이 아닌 세 살 이상 어리게 본다. 안 먹으니 안 크고, 면역력도 낮아 자주 아프다. 체력이 달려서 그런지 유치원이나 학교에서 하는 이런저런 신체 활동들이 힘에 부친다. 비싼 한약도 짓고, 영양제도 사지만 먹지 않는다. 적당히 조금 먹으면 그러려니 할 텐데 이건 너무하다 싶다. 어쩌다 명절에 부쩍부쩍 큰 또래 사촌 조카들을 보면 속이 상하고 어르신들의 한마디에 괜스레 죄책감이 든다. 놀이터에서 겪는 속상한 일은 한두 가지가 아니다. 왜 먹는 것이 이리도 힘든 것일까? 이유가 있고 해결 방법도 있다. 상황별로 알아보자.

먹는 것만 먹는 아이

맨밥, 삶은 햄, 계란 프라이, 옥수수 캔, 맨 김만 먹는다. 먹는 과자도 한 종류, 먹는 아이스크림도 한 종류, 그 외의 음식은 입에도 대지 않는다. 유치원에서 점심 식사로 맨밥만 먹는 날이 하루 이틀이 아니다. 심지어 계란 프라이가 나와도 조리 느낌이 달라서 먹지 않는다고 한다. 엄마가 뭐 먹으라고 하는 말이 제일 듣기 싫고, 아빠가 뭐 먹으러 가자고 하는 말이 제일 짜증 난다. 외식을 해도 햄을 삶아 가는 엄마는 한숨이 나고, 관광지에 가서 맨밥에 맨 김을 싸 먹는 아이를 보며 아빠는 화가 난다. 어릴 땐 먹는 것 때문에 키와 체력이 걱정되었다면 지금은 먹는 것 때문에 서로 사이가 안 좋아져서 걱정이다.

다 그런 것은 아니지만 대체로 이 아이들은 대부분 이유식을 할 때부터 음식을 자주 뱉는다. 입에서 음식을 받아들이지 못하는 것이다. 이유는 입 안의 촉각과 미각이 예민하기 때문이다. 실제로 만난 아이는 상담을 하면서 오렌지 주스나 레몬차를 마시면 혀가 아프다고 했다. 상추나 배추 같은 질감도 입에 넣으면 아프다고 표현했다. 단맛, 신맛, 짠맛이 어느 정도의 강도를 넘어가면 아프게 느껴지는 것이다. 만약 시판되는 오렌지 주스를 먹어야 한다면 물을 타 먹어야 한다고 했다. 아이와 놀이를 하면서 알게 된 사실은 '음식은 나를 피곤하고 괴롭게 하는 것'으로 여기고 있었다는 점이다. 결국 아빠, 엄마는 나를 피곤하고 괴롭게 하는 사람이 된 것이다. 사이가 안 좋아질 수밖에 없다.

그런데 대화를 하면서 의문이 생겼다. 삶은 햄보다 염분이 낮으면서 비슷한 질감의 음식은 많다. 어묵도 있고, 소시지도 있다. 그런데 왜 삶은 햄만 먹는 것일까. 과자도 아이스크림도 비슷한 강도의 단맛, 비슷한 질감이 많은데 왜 딱 그것만 먹는 것일까. 나중에 알게 되었다. 어린 시절 엄마 아빠가 여러 가지 다양한 음식들을 먹여 보려고 급하게 시도한 탓에 음식 자체에 대한 거부가 심해진 것이다. 또 맨밥에 닭고기 하나 몰래 숨겨서 먹이고, 뱉고, 또 숨기고 뱉고를 반복하다 보니 엄마, 아빠가 주는 음식에 대한 신뢰를 잃었고, 강하게 거부하게 된 것이다. 결국 더 이상 음식을 권하지 못하게 몇 가지로 못 박고 다른 것은 안 먹게 된 것이다. '안 먹는 애'가 되어야 살기 편하다.

부모님과 먹는 것에 대해 해결을 해보자고 했다. 바로 '안전과 신뢰'가 해결 포인트다. 일단 당분간 아이에게 새로운 음식을 시도하지 말고 현재 먹는 음식들만 '기분 좋게, 스스로, 배불리' 먹이자고 했다. 먹는 정서가 긍정적이어야 하기 때문이다. 안타깝지만 한 숟가락 더 먹이고 한 숟가락만큼 사이가 안 좋아지고 있었다. 먹을 때 부정적인 감정을 느끼게 하지 않는 것이 무엇보다 중요했다. 2~3개월이 지나서 지금 먹는 햄보다 덜 짜고 비슷한 질감의 소시지로 안전하고 정직하게 접근하는 것이다. 중요한 점은 아이에게 '앞으로 먹을 수 있을 것인지, 먹을 수 없을 것인지' 선택할 수 있다고 알려주어야 한다. 먹을 수 없다면 그럴 수 있다고 그냥 넘어가자. 먹을 수 있다면 아이가 먹는 음식 리스트에 추가하면 된다. 주의할 점은 리스트에 추가되었다고 한 박스씩 냉장고에 쟁여 두지 말자. 냉장고에 쟁여 두는 순간 부모는 자주 권유하게 되고, 아이는 강요받는 느낌이 들어 부담스럽다. 안전하고 신뢰롭게 조금씩 조금씩 먹을 수 있는 것들을 늘려가는 것이 목표다. 선택되지 않아도 핀잔과 한숨은 넣어 두어야 하고, 선택되어도 크게 기뻐하지 않아야 된다.

먹는 것으로 아이와의 관계에 집중하기보다는 먹는 것은 매우 작은 영역으로 두어야 한다. 먹는 것 말고 노는 것, 수다 떠는 것, 영화 보는 것 등 다른 영역의 관계에 집중해야 한다. 청소년이 되었을 때 새로운 음식을 스스로 시도해보고 결정하는 행동을 할 수 있는 것이 목표다. 감각은 타고나는 것이다. 자신의 구강 감각을 잘 알고, 자신에게 맞는 음식을 찾아나가면 된다. 결국 조금씩 정말 조금씩 리스트가 늘어났고, 부모도 아이와 친해져 가고 있었다.

"아이를 볼 때 오늘은 무엇을 얼마나 먹었나에만 신경을 쓰고 있었어요."

"아이가 좋아하는 것, 가고 싶은 곳이 뭔지 관심이 없었어요."

"먹는 것 말고 다른 대화도 했어야 하는 건데…."

음식이 나오면 모양과 색깔, 냄새를 살피는 아이

얼마 전 칼국수를 먹으러 갔다. 칼국수가 나오기 전에 김치가 먼저 놓이는데, 옆 테이블에 앉은 손님이 김치가 너무 빨개서 매울 것 같다고 강하게 손사래를 치며 싫은 티를 팍

팍 냈다. '뭐 이렇게 빨간 고춧가루를 썼냐, 빨간색이 먹기 부담스럽다'를 계속 말하며 주변을 불편하게 했다. 속으로 "색깔은 빨간데 실제로는 그렇게 맵지 않아요"라고 말하고 싶었다. 잠시 뒤 보니 김치를 리필하고 또 리필해서 계속 먹고 있었다. '저렇게 맛나게 드실 거면서…'라는 마음이 들었다.

구강 감각보다 시각과 후각에 예민한 아이들이 있다. 그래서 음식의 모양과 색깔, 냄새에 민감하다. 잡채를 먹고 싶었지만 생각했던 윤기 나는 갈색이 아닌 연한 갈색이면 먹기 힘들다. 예상했던 빨간색이 아니면 떡볶이가 먹기 싫다. 음식이 나오면 일단 냄새부터 맡는 아이들이 있다. 그릇에 코를 대로 킁킁 냄새를 맡는다. 냄새가 마음에 들지 않으면 먹기 불편하다. 이런 아이들은 칼국수집 손님과 같은 행동으로 주변 사람들에게 미움을 사기 쉽다. 예를 들면, 떡볶이 모양과 색깔이 마음에 들지 않아서 안 먹는다고 손사래를 치면서 부정하는 것이다. 그런데 주변 사람들이 다 맛있게 먹으니 한번 맛을 본다. 너무 맛있어서 많이 먹는다. 어묵이 나오자 코를 대고 냄새를 맡는다. "냄새가 이상해서 먹지 않겠어"라고 불편함을 크게 말한다. 주변에서 맛있게 먹는 모습을 보고, 조심스럽게 맛을 본다. 생각보다 맛있어서 많이 먹는다. 이런 아이들은 태도에 대한 교육이 필요하다. 먼저 음식을 보고 모양, 색깔, 냄새에 대해 주변에 큰 소리로 말하지 말고 속으로 생각해야 한다고 말이다. 음식을 준 사람에 대한 예의라는 것을 알려주어야 한다. 또 음식에 코를 대고 킁킁 냄새를 맡은 행동 역시 예의가 아니고, 주변 사람들이 곱지 않은 시선으로 본다고 알려주어야 한다. 냄새가 궁금하다면 숟가락으로 조금 떠서 살짝 냄새를 맡도록 하는 '행동 교육'도 필요하다.

더욱 중요한 것은 '지난번에 색깔이 마음에 안 들었는데 먹어보니 맛있었지. 그러니 한번 먹어보고 먹을지 안 먹을지 결정해야지'의 마음 태도를 알려주어야 한다. '냄새로 맛없다고 판단했지만 실제로는 많이 먹었지' 그렇게 경험치를 늘려가야 한다. 부모님이 기억해야 할 점은 "꼭 안 먹는다더니 나중에 많이 먹더라"라고 나무라지 말고 아이의 태도와 경험치를 응원해야 한다. 조금 더 컸을 때 예의를 지키면서 먹을 것과 먹지 않을 것을 잘 구분하면 된다.

"모양이 마음에 안 들었지만 한번 맛을 보고 결정해주었구나."

"맛을 보고 결정하면 된단다. 맛을 보고 처음 느낌과 다르게 맛있다는 것을 알게 되었었지."

"색깔이 이상하다고 크게 말하지 않고, 조용히 맛을 보는 행동은 예의 있는 행동이야."

"한 숟가락 떠서 살짝 냄새를 맡는 행동을 잘 지켜주었구나."

따라다니면서 조금이라도 더 먹이고 싶은 부모님의 마음 잘 압니다. 그렇게 억지로 먹은 만큼 사이가 안 좋아지면 즐겁게 먹기 어려워요. 즐겁고 맛있게 스스로 배부르게 먹기 위해서는 '먹는 것에 대한 편안한 마음'과 '감각에 대한 도움'이 필요합니다.

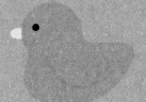

쌍둥이라 남들보다 육아 고민도 2배로 해요

아동심리상담사, 놀이치료사 등으로 일한 지 20년째다. 함께 공부한 동기들이나 동료 상담사들과 이야기를 나누면서 나의 내담자 중 쌍둥이 비율이 높다는 사실을 알게 되었다. 아마 필자가 쌍둥이 엄마라는 것이 영향을 준 듯하다. 쌍둥이를 길러본 사람이 쌍둥이 육아의 고민을 이해할 것이라는 생각이 있기 때문에 쌍둥이를 기르는 부모님들의 연락이 많다. 의학의 도움으로 쌍둥이의 비율이 과거에 비해 높아 쌍둥이 육아에 대한 교육과 상담이 필요하다고 생각한다. 쌍둥이를 기르는 부모님들과 상담을 하면서 공통된 고민을 듣게 되었고, 도움이 되고자 정리해본다.

언니, 누나, 오빠, 형 같은 호칭을 사용해야 할까?

사람마다, 가정마다 기준이 다르다. 조부모님의 강력한 주장으로 사용하는 집도 있고, 부모의 의견으로 사용하는 집도 있다. 뭐가 맞고, 뭐가 틀리지는 않는다. 다만 서열 호칭을 사용할 경우 기억해야 할 점이 있다. 실제로 상담한 사례 중 다음과 같은 일이 종종 있었다.

언니 동생으로 호칭을 사용하는 쌍둥이 자매가 초등학교에 입학했다. 서로 다른 반을 선택했는데(참고로 초등학교 입학 전 학교에서 연락이 온다. 같은 반과 다른 반을 선택할 수 있다.) 언니 쌍둥이와 친하게 지낸 친구가 동생 반에 와서 "나 너네 언니 친구니까 나한테도 언니라고 불러"라고 했단다.

동생 쌍둥이는 당연히 언니 친구니까 언니라도 불러야 하는 줄 알고 언니라고 부르고 있었다. 뒤늦게 이 사실을 알고 부모는 쌍둥이 언니만 언니고 다른 아이들은 친구라고 알려주면서 속이 상했다. 그런데 이런 일이 요즘은 유치원에서도 일어난다. 쌍둥이 둘이 같은 반인데 한 명이 다른 쌍둥이에게 언니, 형이라고 부르니 다른 친구들이 동생을 약간 어리게 대하는 것을 보기도 한다. 호칭이 주는 힘이 있다. 따라서 호칭을 사용할 것이라면 확실하게 다른 친구들은 동급생이고, 쌍둥이만 언니, 형이라는 것을 반드시 알려주어야 한다.

어린이집, 유치원, 학교에서 같은 반이 좋을까요? 다른 반이 좋을까요?

약간 과장해서 100번도 넘게 들은 질문이다. 그런데 사실 같은 반이냐 다른 반이냐는 그리 중요하지 않다. 같은 반을 해도 되고, 다른 반을 해도 된다. 그런데 둘 사이에서 한 명이 다른 한 명에게 의존하는 경우 또는 한 명이 다른 한 명을 보호하는 경우는 문제가 될 수 있다.

지인 중 유치원 선생님이 있다. 언젠가 반에 남매 둥이가 있었는데 고민이 된다고 했다. 남매 둥이 중 여자 친구가 누나였는데 또래보다 발달이 빠르고, 수업 시 선생님의 도우미 역할을 톡톡히 한다고 했다. 반면 동생은 또래에 비해 발달이 약간 느렸다고 했다. 동생이 누나를 많이 의지하여 교과 활동 중 가위질이 어려우면 누나를 부르고, 색종이 접기가 어려우면 누나를 불렀다. 누나는 득달같이 달려가서 당연하게 다 해준다. 때로는 약간 어렵다 싶은 활동이 있으면 누나를 부르지 않아도 알아서 먼저 동생의 것을 해주기도 한다. 밥을 먹을 때도 도와주고, 외출 시 신발도 신겨준다고 했다. 도움이 자연스러운 것을 볼 때 가정에서도 동생을 도와주는 누나로 지낼 것이라고 했다.

쌍둥이 육아에 지친 부모는 발달이 빠른 한 명이 느린 한 명을 도와주면 솔직히 고맙다. 그러나 이것은 동생에게도 누나에게도 도움이 되지 않는다. 서로 독립된 동급생 관계를 유지할 수 있으면 같은 반이어도 된다. 같은 반이냐 다른 반이냐를 고민하기 전에 둘 다 독립된 채로 각자의 몫을 할 수 있는가 중요하다.

"쌍둥이는 둘만 논다. 다른 친구를 사귀려고 노력하지 않는다"라는 말도 들었다. 분리된 독립적인 관계로 지낼 수 있다면 같은 반이어도 되고, 이것이 어렵다면 다른 반을 추천한다. 발달이 느리거나 의존적인 쌍둥이가 불안하여 다른 쌍둥이에게 살펴주라고 같은 반을 하는 경우가 있는데 결과적으로 도움을 주던 둥이가 다른 둥이를 구박하고 귀찮아하는 것을 많이 보았다.

꼭 세트가 아니어도 괜찮다

쌍둥이들은 옷, 신발, 가방 등을 똑같은 것으로 장착하는 경우가 많다. 하지만 나는 어느 정도 아이들이 자라면 꼭 세트로 하지 않아도 된다고 조언한다. 각자 독립된 관계를 위해 각자 입고 싶은 것을 입게 하는 것을 추천한다.

필자의 자녀들이 5세 때 어린이집 하원 후 어린이집 마당에서 노는 것을 보았다. 다른 친구들이 우리 아이들에게 이름을 부르지 않고 "쌍둥이야 놀자"라고 하면서 이름조차 잘 모르는 것을 보았다. 매일 같은 옷에, 같은 신발을 신겨서 보내며 사진을 찍고 흐뭇해하던 나에게는 충격적인 사건이었다. 어린이집 선생님과 대화를 하면서 같은 반 아이들이 둘이 매일 똑같이 하고 오니, 헷갈려 하고 둘을 한 명처럼 대하거나 이름을 잘 모른다는 것을 알게 되었다. 그냥 둘이 합쳐 "쌍둥이"였다.

그때부터 세트가 아닌 다른 모습으로 등원을 시켰다. 친구들이 각각 한 명으로 대할 수 있게 했다. 분명 다르게 생겼는데 어린 아이들의 눈에는 옷과 신발이 같으니 구분을 못했던 것이다. 그런데 이런 외모만큼 중요한 것은 스케줄이다. 유치원부터 같은 학원, 같은 방과 후 과목, 같은 문화센터 등 세트로 다니는 경우가 많다. 나이가 같으니 같은 수업을 듣게 할 수 있다는 장점이 있다. 그리고 솔직히 같이 다니면 부모가 편하다. 자라면서 각자 배우고 싶은 것이 다르고, 취향, 취미, 관심사가 다른데 세트로 다니게 하면 한 명이 불만이 생긴다. 둘 다 배우고 싶은 것이 같다면 상관없지만 한 아이가 배우고 싶다 해서 다른 아이까지 배우게 할 필요는 없다. 각자의 스케줄로 분리된 생활도 하게 하자.

"둘이 같이 커서 편한 점이 있죠. 하지만 둘이 같이 그리고 따로 키우길 추천합니다."